Süße Katze Chi

Chi's Sweet Adventures 1

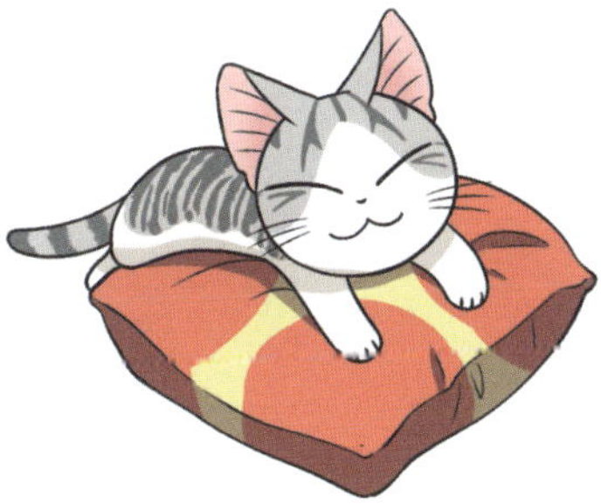

Idee: Kanata Konami | Adaption: Kinoko Natsume

Mitarbeit: »Koneko no Chi« Produktionskomitee

①

Süße Katze Chi

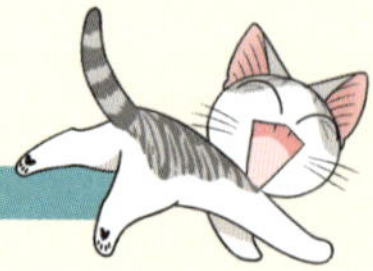

Inhalt

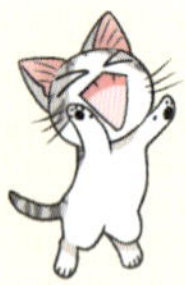

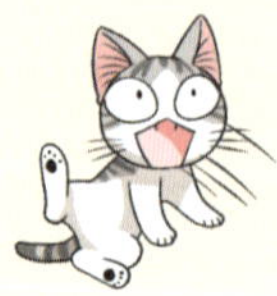

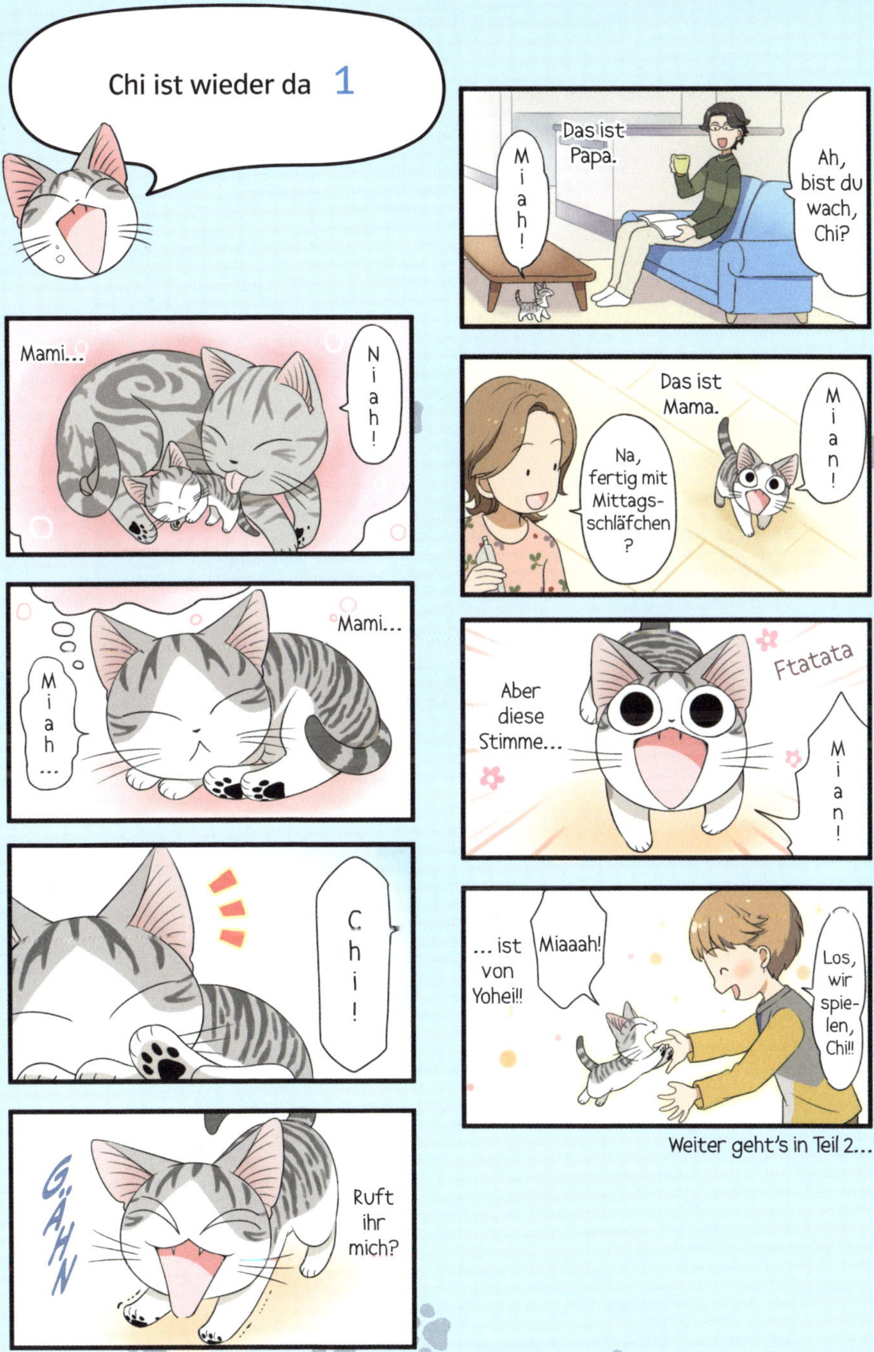
Chi ist wieder da 1
Mami...
Niah!
Mami...
Miah...
Chi!
GÄHN
Ruft ihr mich?
Ah, bist du wach, Chi?
Das ist Papa.
Miah!
Na, fertig mit Mittagsschläfchen?
Das ist Mama.
Mian!
Ftatata
Aber diese Stimme...
Mian!
Los, wir spielen, Chi!!
... ist von Yohei!!
Miaaah!
Weiter geht's in Teil 2...

Chi ist wieder da 2

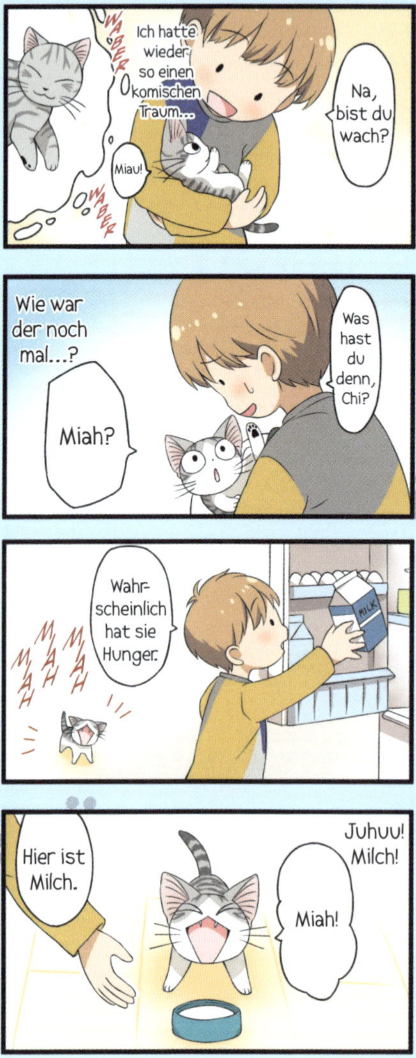
WABER
Ich hatte wieder so einen komischen Traum...
Na, bist du wach?
Miau!
WABER
Wie war der noch mal...?
Miah?
Was hast du denn, Chi?
Wahrscheinlich hat sie Hunger.
MIAH MIAH MIAH
Hier ist Milch.
Juhuu! Milch!
Miah!

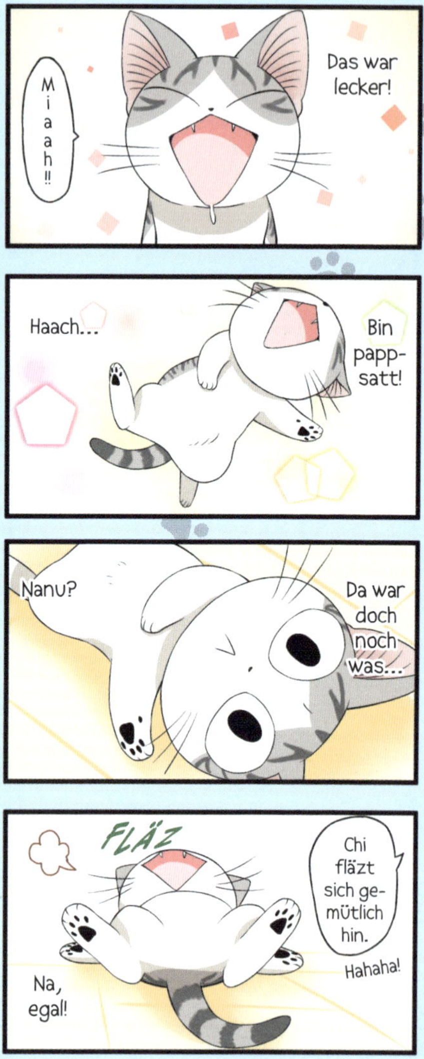
Miaah!!
Das war lecker!
Haach...
Bin papp-satt!
Nanu?
Da war doch noch was...
FLÄZ
Chi fläzt sich gemütlich hin.
Hahaha!
Na, egal!

Weiter geht's in Teil 3

Chi ist wieder da 3

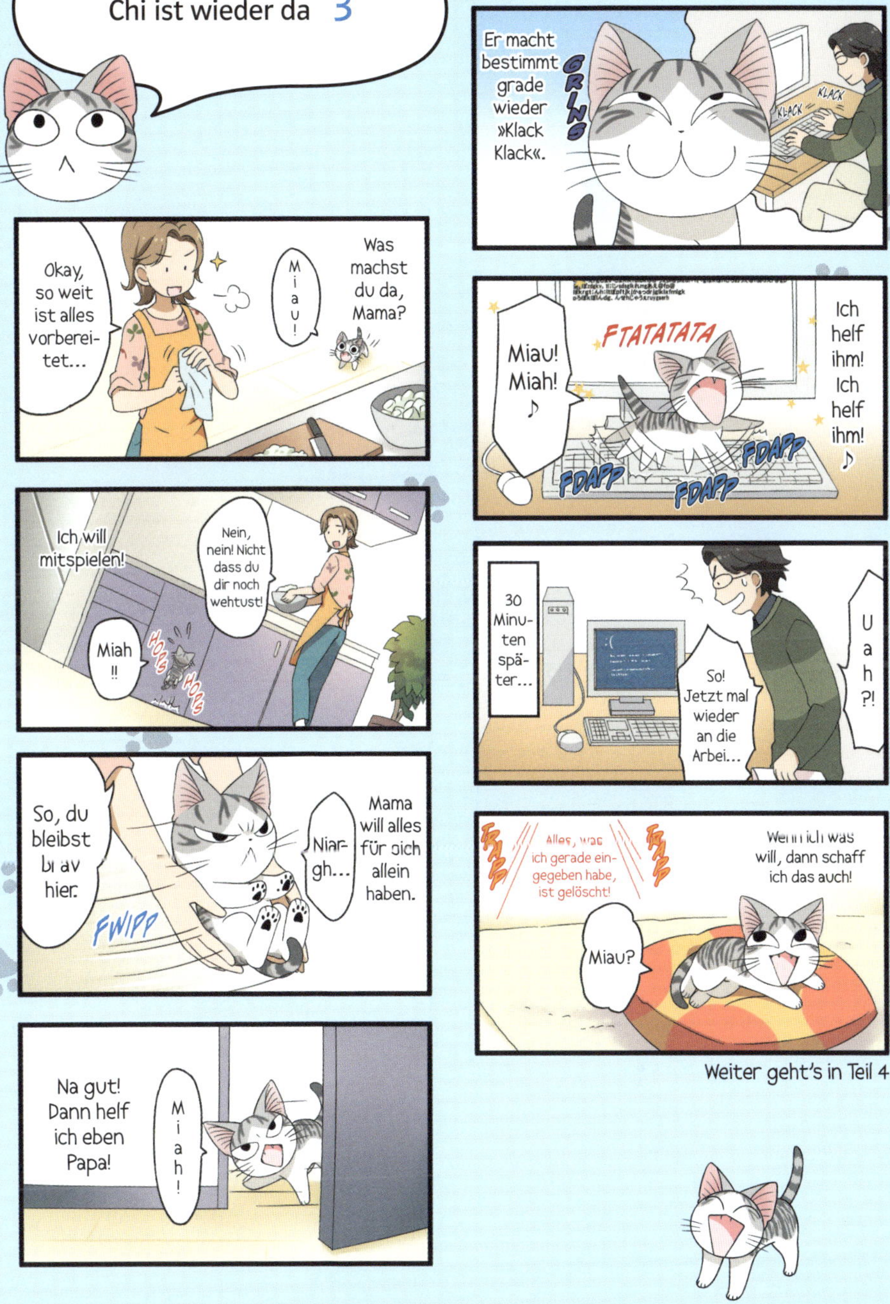

Okay, so weit ist alles vorberei-tet…
Miau!
Was machst du da, Mama?
Ich will mitspielen!
Nein, nein! Nicht dass du dir noch wehtust!
Miah !!
HOPS HOPS
So, du bleibst brav hier.
FWIPP
Niar-gh…
Mama will alles für sich allein haben.
Na gut! Dann helf ich eben Papa!
Miah!
Er macht bestimmt grade wieder »Klack Klack«.
GRINS
KLACK KLACK
Miau! Miah! ♪
FTATATATA
FDAPP FDAPP FDAPP
Ich helf ihm! Ich helf ihm! ♪
30 Minuten später…
So! Jetzt mal wieder an die Arbei…
Uah?!
Alles, was ich gerade eingegeben habe, ist gelöscht!
Miau?
Wenn ich was will, dann schaff ich das auch!

Weiter geht's in Teil 4

Chi ist wieder da 4

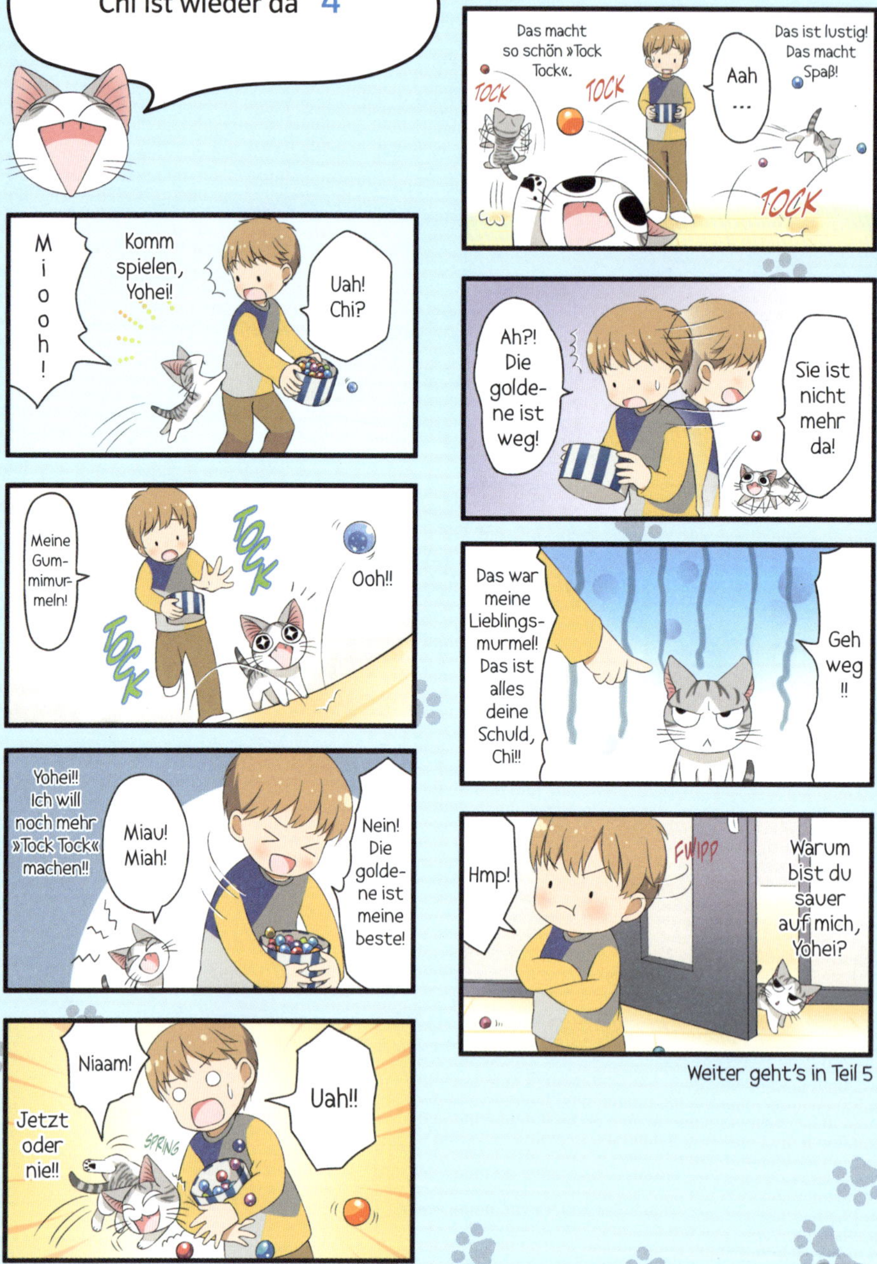

Miooh!
Komm spielen, Yohei!
Uah! Chi?
Meine Gummimurmeln!
TOCK
TOCK
Ooh!!
Yohei!! Ich will noch mehr »Tock Tock« machen!!
Miau! Miah!
Nein! Die goldene ist meine beste!
Niaam!
Jetzt oder nie!!
SPRING
Uah!!
Das macht so schön »Tock Tock«.
TOCK
TOCK
Aah …
Das ist lustig! Das macht Spaß!
TOCK
Ah?! Die goldene ist weg!
Sie ist nicht mehr da!
Das war meine Lieblingsmurmel! Das ist alles deine Schuld, Chi!!
Geh weg!!
Hmp!
FWIPP
Warum bist du sauer auf mich, Yohei?

Weiter geht's in Teil 5

Chi ist wieder da 5

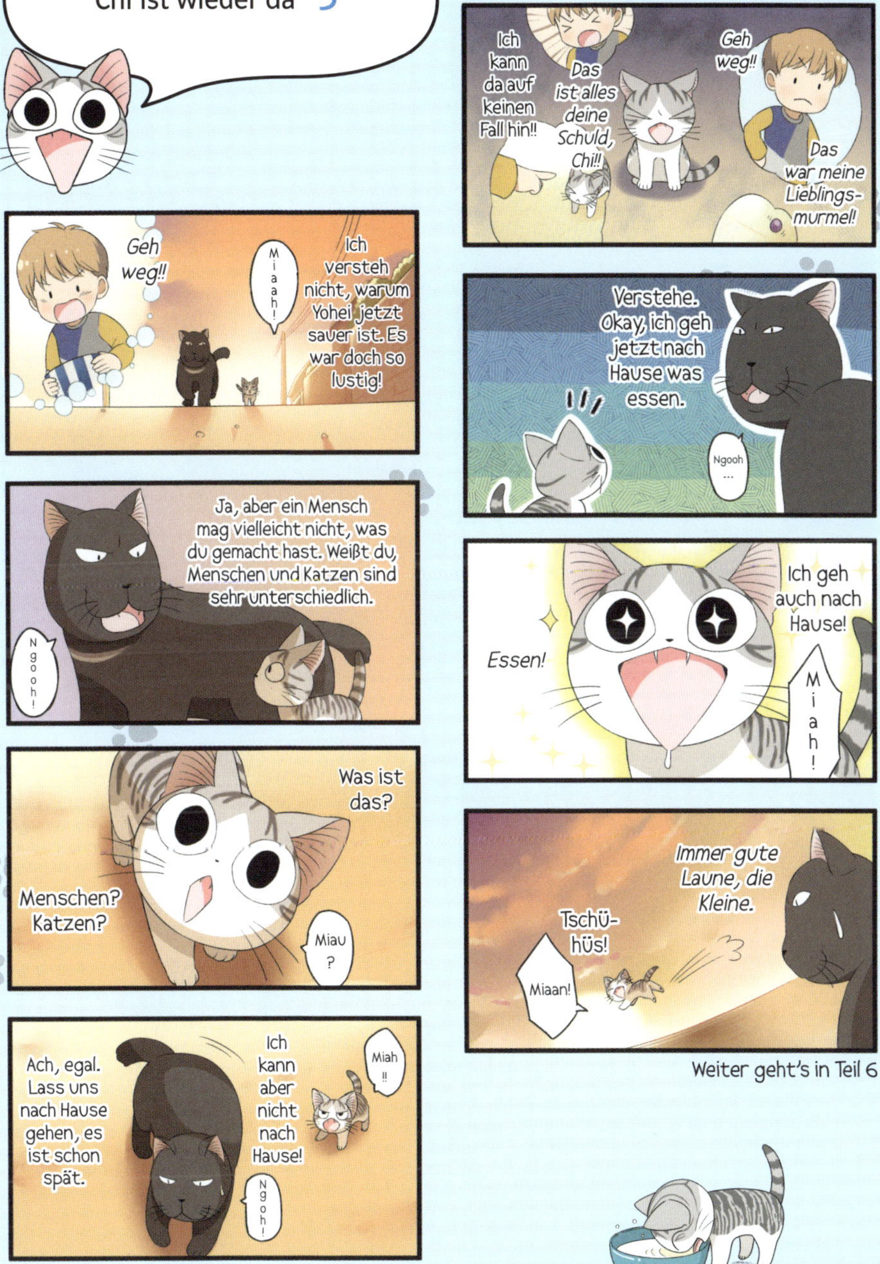

Geh weg!!
Miaah!
Ich versteh nicht, warum Yohei jetzt sauer ist. Es war doch so lustig!
Ja, aber ein Mensch mag vielleicht nicht, was du gemacht hast. Weißt du, Menschen und Katzen sind sehr unterschiedlich.
Ngooh!
Was ist das?
Menschen? Katzen?
Miau?
Ach, egal. Lass uns nach Hause gehen, es ist schon spät.
Ngooh!
Ich kann aber nicht nach Hause!
Miah!!
Ich kann da auf keinen Fall hin!!
Das ist alles deine Schuld, Chi!!
Geh weg!!
Das war meine Lieblings-murmel!
Verstehe. Okay, ich geh jetzt nach Hause was essen.
Ngooh...
Essen!
Ich geh auch nach Hause!
Miah!
Tschü-hüs!
Miaan!
Immer gute Laune, die Kleine.

Weiter geht's in Teil 6

Chi ist wieder da 6

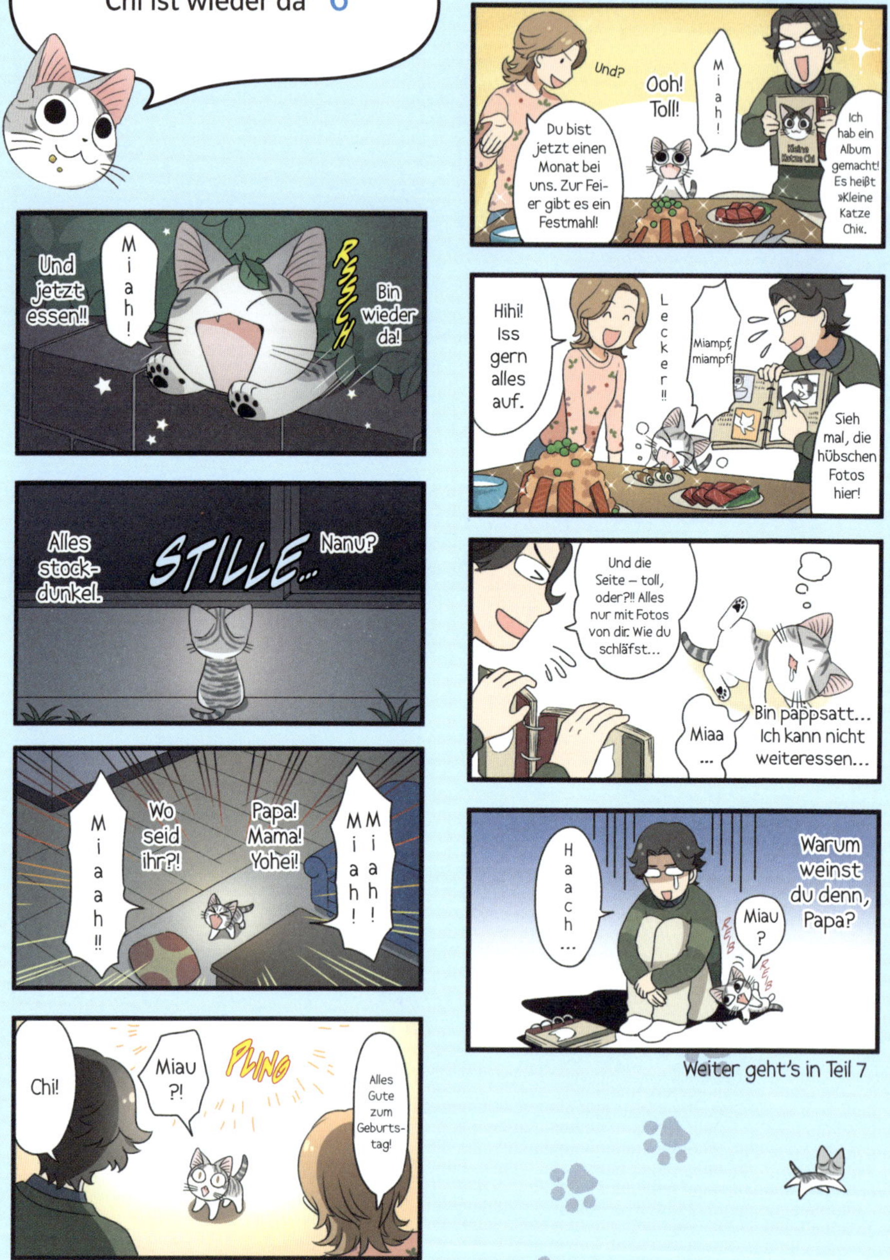
Und jetzt essen!!
Miah!
RESCH
Bin wieder da!
Alles stock-dunkel.
STILLE...
Nanu?
Miaah!!
Wo seid ihr?!
Papa! Mama! Yohei!
Miah! Miah!
Chi!
Miau?!
PLING
Alles Gute zum Geburts-tag!
Und?
Du bist jetzt einen Monat bei uns. Zur Fei-er gibt es ein Festmahl!
Ooh! Toll!
Miah!
Kleine Katze Chi
Ich hab ein Album gemacht! Es heißt »Kleine Katze Chi«.
Hihi! Iss gern alles auf.
Lecker!!
Miampf, miampf!
Sieh mal, die hübschen Fotos hier!
Und die Seite – toll, oder?!! Alles nur mit Fotos von dir. Wie du schläfst...
Miaa...
Bin pappsatt... Ich kann nicht weiteressen...
Haach...
Miau?
Warum weinst du denn, Papa?

Weiter geht's in Teil 7

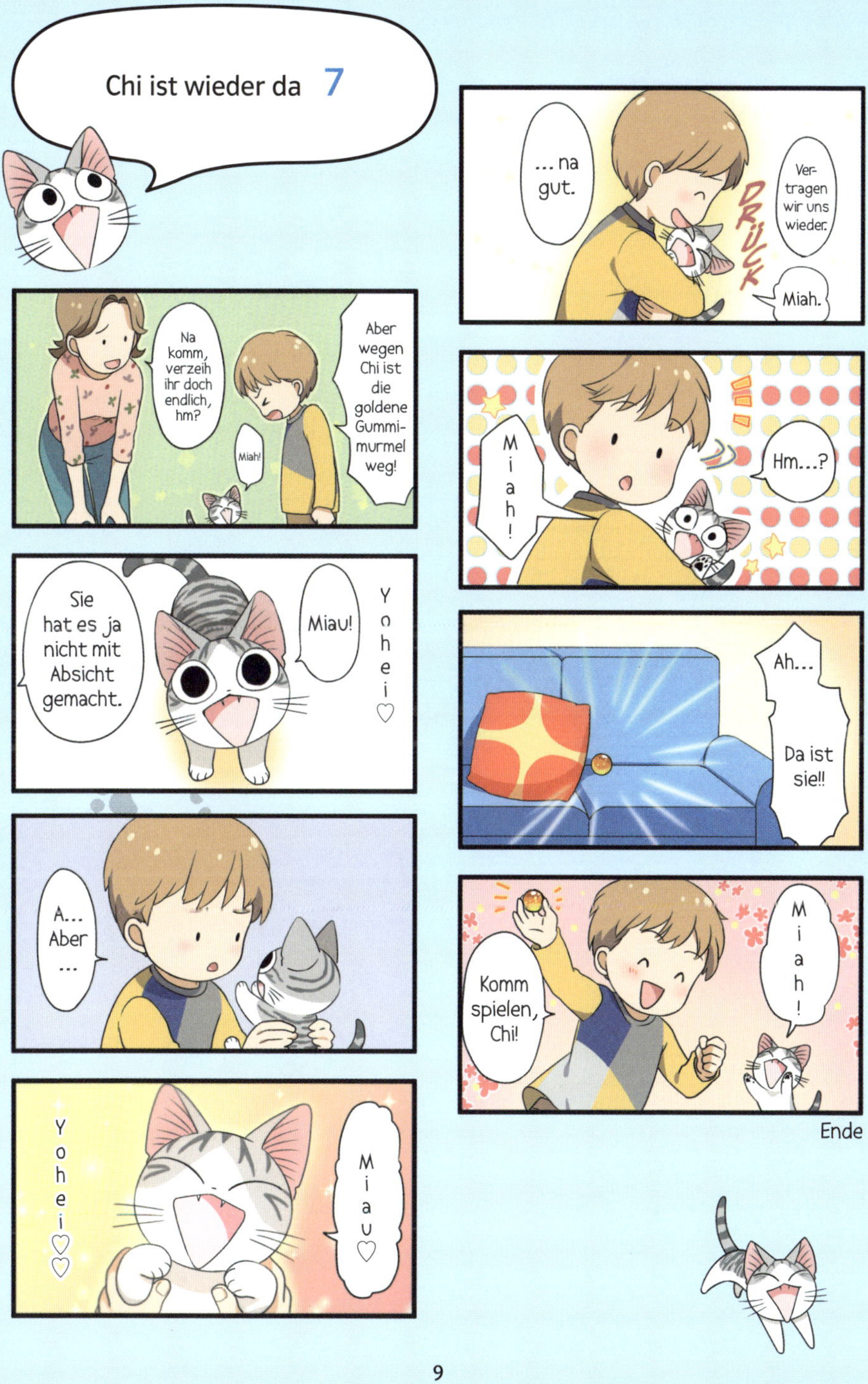
Chi ist wieder da 7
Na komm, verzeih ihr doch endlich, hm?
Miah!
Aber wegen Chi ist die goldene Gummimurmel weg!
Sie hat es ja nicht mit Absicht gemacht.
Miau!
Yohei♡
A... Aber ...
Yohei♡♡
Miau♡
... na gut.
DRÜCK
Vertragen wir uns wieder.
Miah.
Miah!
Hm...?
Ah...
Da ist sie!!
Komm spielen, Chi!
Miah!
Ende

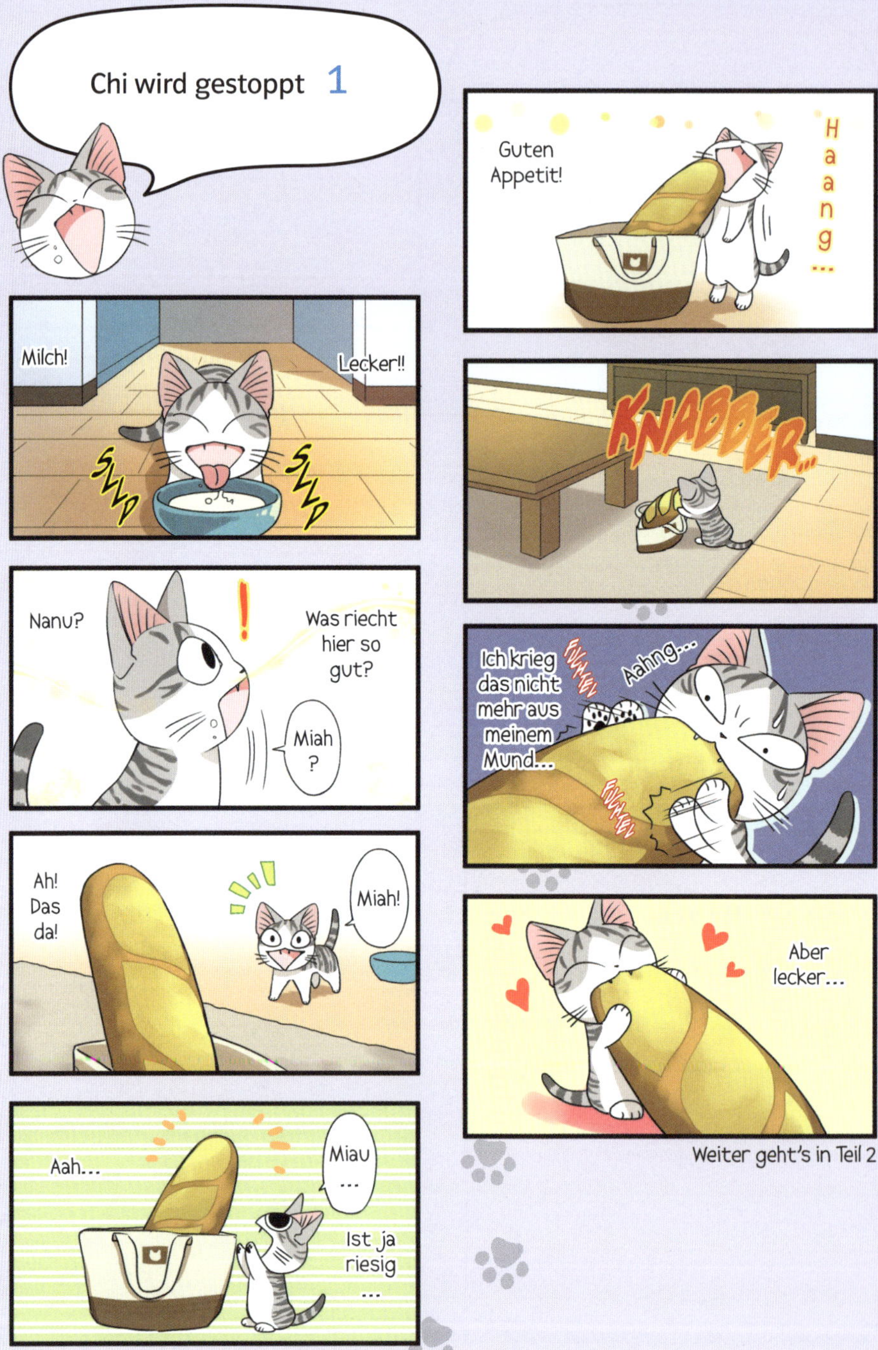
Chi wird gestoppt 1
Milch!
Lecker!!
Nanu?
Was riecht hier so gut?
Miah?
Ah! Das da!
Miah!
Aah...
Miau...
Ist ja riesig...
Guten Appetit!
Haang...
KNABBER...
Ich krieg das nicht mehr aus meinem Mund...
Aahng...
Aber lecker...

Weiter geht's in Teil 2

Chi wird gestoppt 2

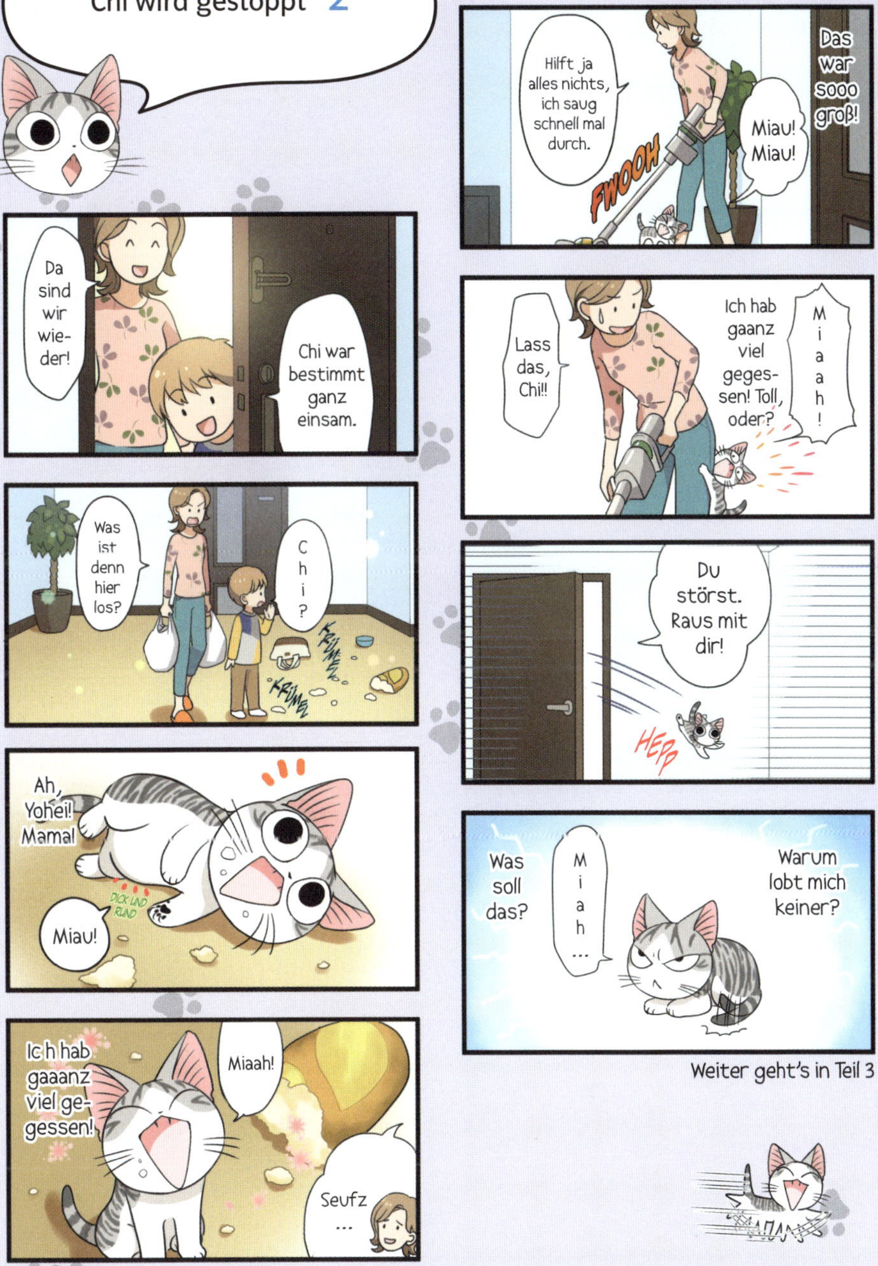

Da sind wir wie-der!
Chi war bestimmt ganz einsam.
Was ist denn hier los?
Chi?
KRÜMEL
KRÜMEL
Ah, Yohei! Mama!
DICK UND RUND
Miau!
Ich hab gaaanz viel ge-gessen!
Miaah!
Seufz …
Hilft ja alles nichts, ich saug schnell mal durch.
FWOOH
Miau! Miau!
Das war sooo groß!
Lass das, Chi!!
Ich hab gaanz viel geges-sen! Toll, oder?
Miaah!
Du störst. Raus mit dir!
HEPP
Was soll das?
Miah …
Warum lobt mich keiner?

Weiter geht's in Teil 3

Chi wird gestoppt 3

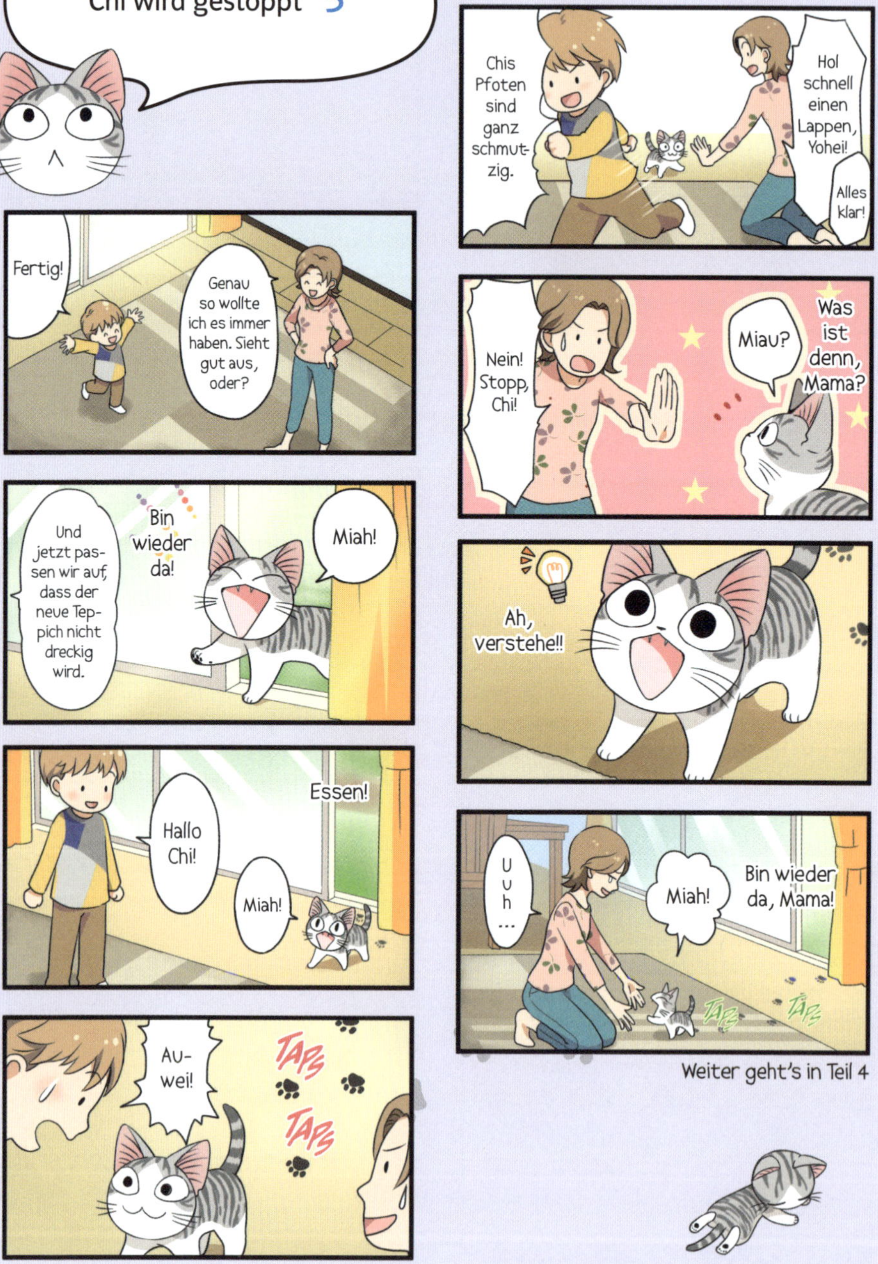
Genau so wollte ich es immer haben. Sieht gut aus, oder?
Fertig!
Miah!
Bin wieder da!
Und jetzt passen wir auf, dass der neue Teppich nicht dreckig wird.
Essen!
Miah!
Hallo Chi!
TAPS
TAPS
Au-wei!
Hol schnell einen Lappen, Yohei!
Alles klar!
Chis Pfoten sind ganz schmutzig.
Was ist denn, Mama?
Miau?
Nein! Stopp, Chi!
Ah, verstehe!!
Bin wieder da, Mama!
Miah!
Uuh...
TAPS
TAPS

Weiter geht's in Teil 4

Chi wird gestoppt 4

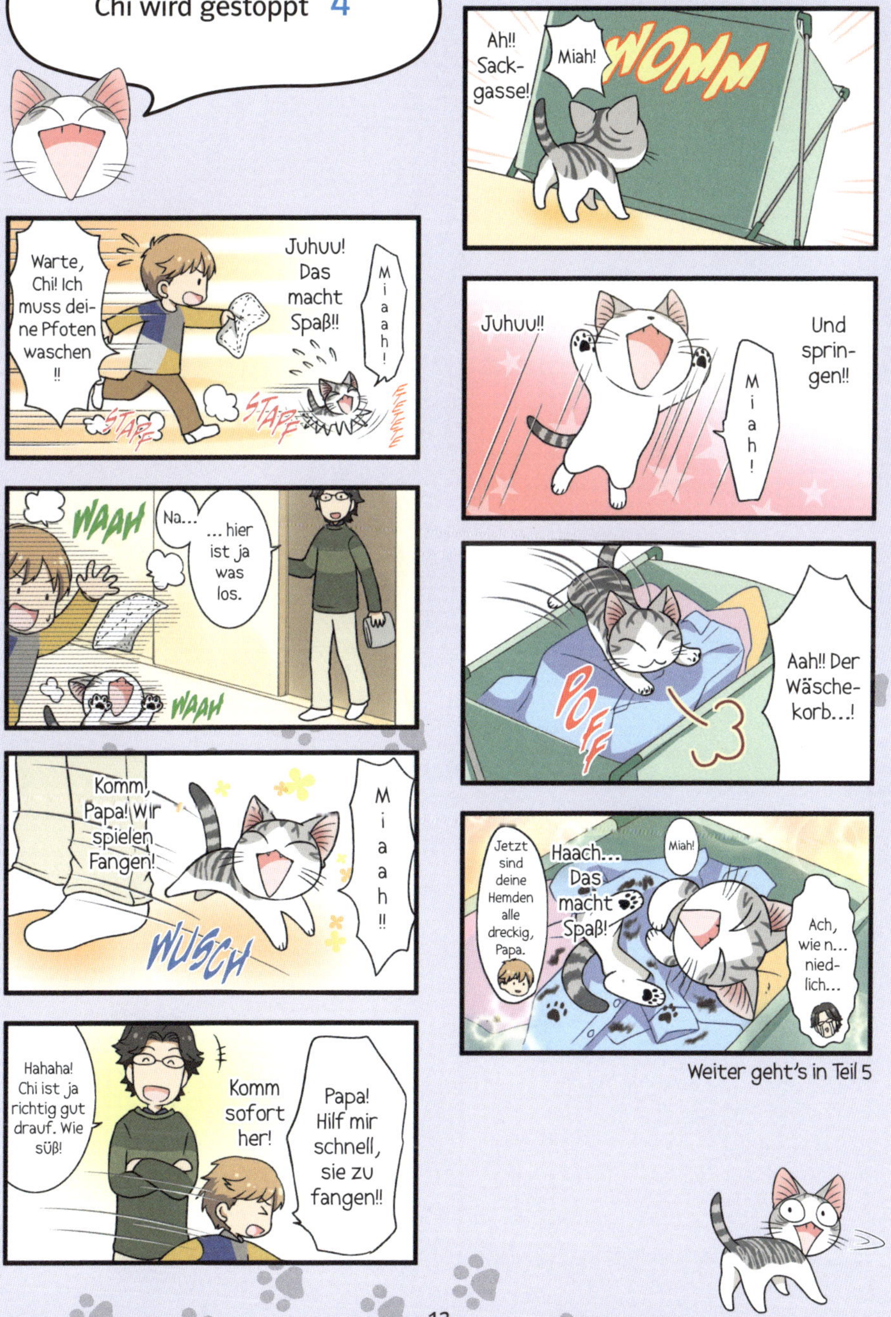

Warte, Chi! Ich muss deine Pfoten waschen!!
Juhuu! Das macht Spaß!!
Miaah!
STAPF
STAPF
WAAH
Na...
... hier ist ja was los.
WAAH
Komm, Papa! Wir spielen Fangen!
Miaah!!
WUSCH
Hahaha! Chi ist ja richtig gut drauf. Wie süß!
Komm sofort her!
Papa! Hilf mir schnell, sie zu fangen!!
Ah!! Sackgasse!
Miah!
WOMM
Juhuu!!
Und springen!!
Miah!
POFF
Aah!! Der Wäschekorb...!
Jetzt sind deine Hemden alle dreckig, Papa.
Haach... Das macht Spaß!
Miah!
Ach, wie n... niedlich...

Weiter geht's in Teil 5

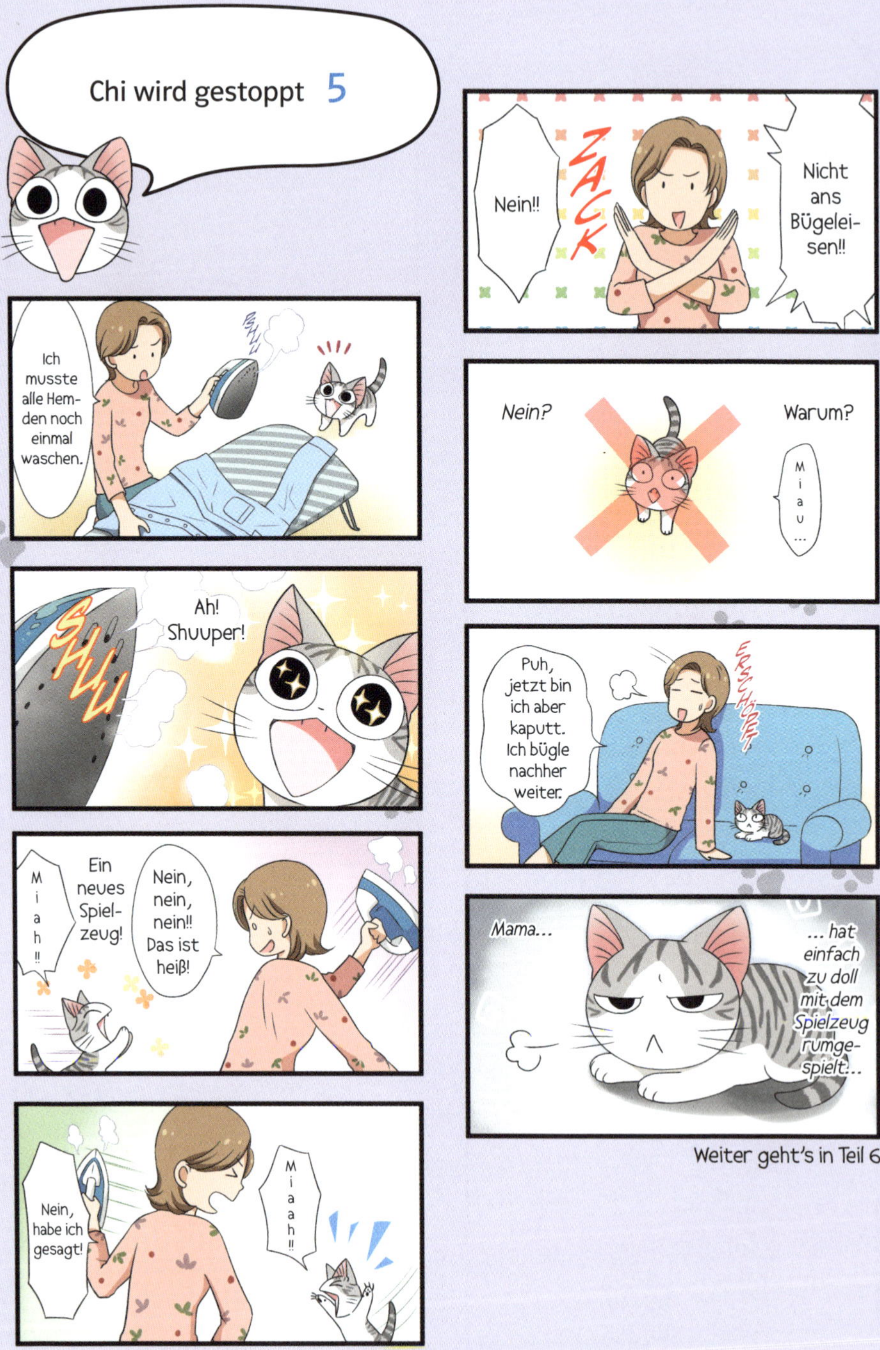
Chi wird gestoppt 5
Ich musste alle Hemden noch einmal waschen.
SHUU
Ah! Shuuper!
SHUU
Ein neues Spielzeug!
Miah!!
Nein, nein, nein!! Das ist heiß!
Nein, habe ich gesagt!
Miaah!!
Nein!!
ZACK
Nicht ans Bügeleisen!!
Nein?
Warum?
Miau…
Puh, jetzt bin ich aber kaputt. Ich bügle nachher weiter.
ERSCHÖPFT
Mama…
… hat einfach zu doll mit dem Spielzeug rumgespielt…

Weiter geht's in Teil 6

Chi wird gestoppt 6

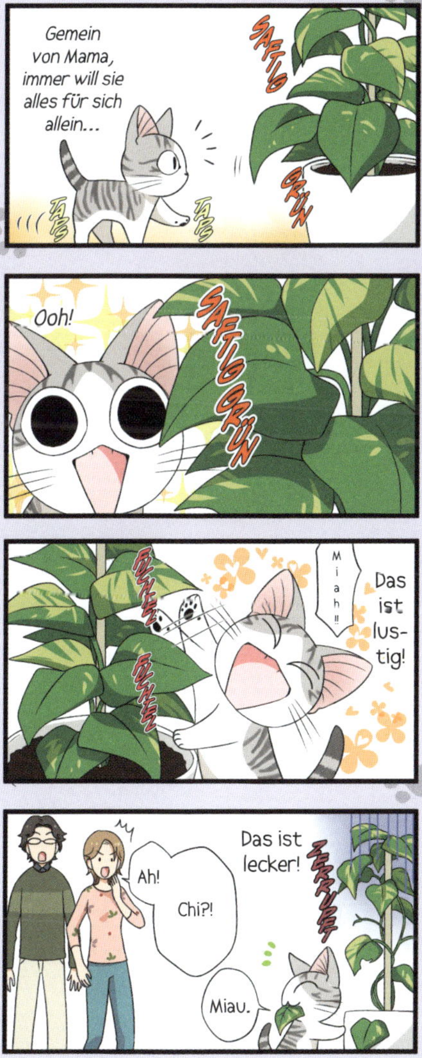
Gemein von Mama, immer will sie alles für sich allein...
SAFTIG
GRÜN
Ooh!
SAFTIG GRÜN
Miah!!
Das ist lustig!
Das ist lecker!
Ah!
Chi?!
Miau.

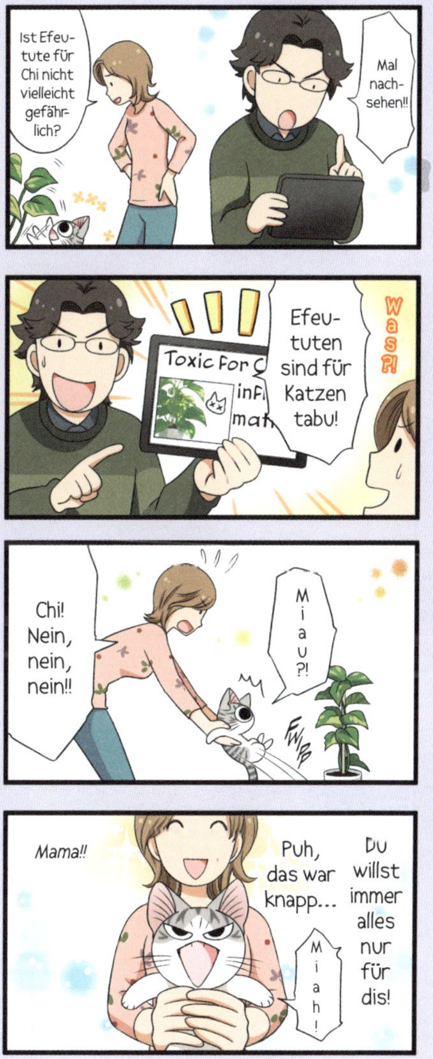
Ist Efeutute für Chi nicht vielleicht gefährlich?
Mal nachsehen!!
Efeututen sind für Katzen tabu!
WAS?!
Chi! Nein, nein, nein!!
Miau?!
Mama!!
Puh, das war knapp...
Du willst immer alles nur für dis!
Miah!

Weiter geht's in Teil 7

Chi wird gestoppt 7

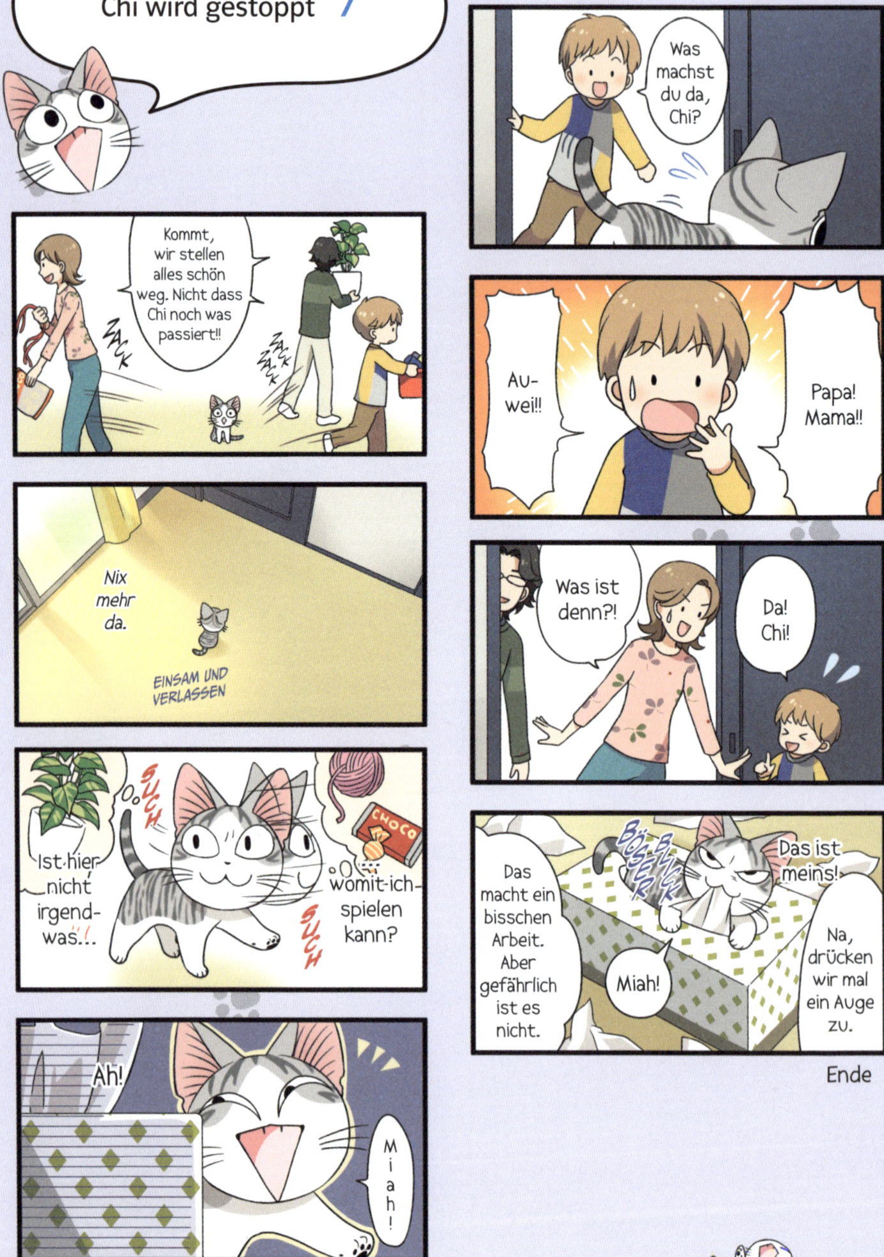
Kommt, wir stellen alles schön weg. Nicht dass Chi noch was passiert!!
ZACK
ZACK ZACK
Nix mehr da.
EINSAM UND VERLASSEN
Ist hier nicht irgendwas...
SUCH
womit ich spielen kann?
SUCH
CHOCO
Ah!
Miah!
Was machst du da, Chi?
Au-wei!!
Papa! Mama!!
Was ist denn?!
Da! Chi!
BÖSER BLICK
Das ist meins!
Das macht ein bisschen Arbeit. Aber gefährlich ist es nicht.
Miah!
Na, drücken wir mal ein Auge zu.

Ende

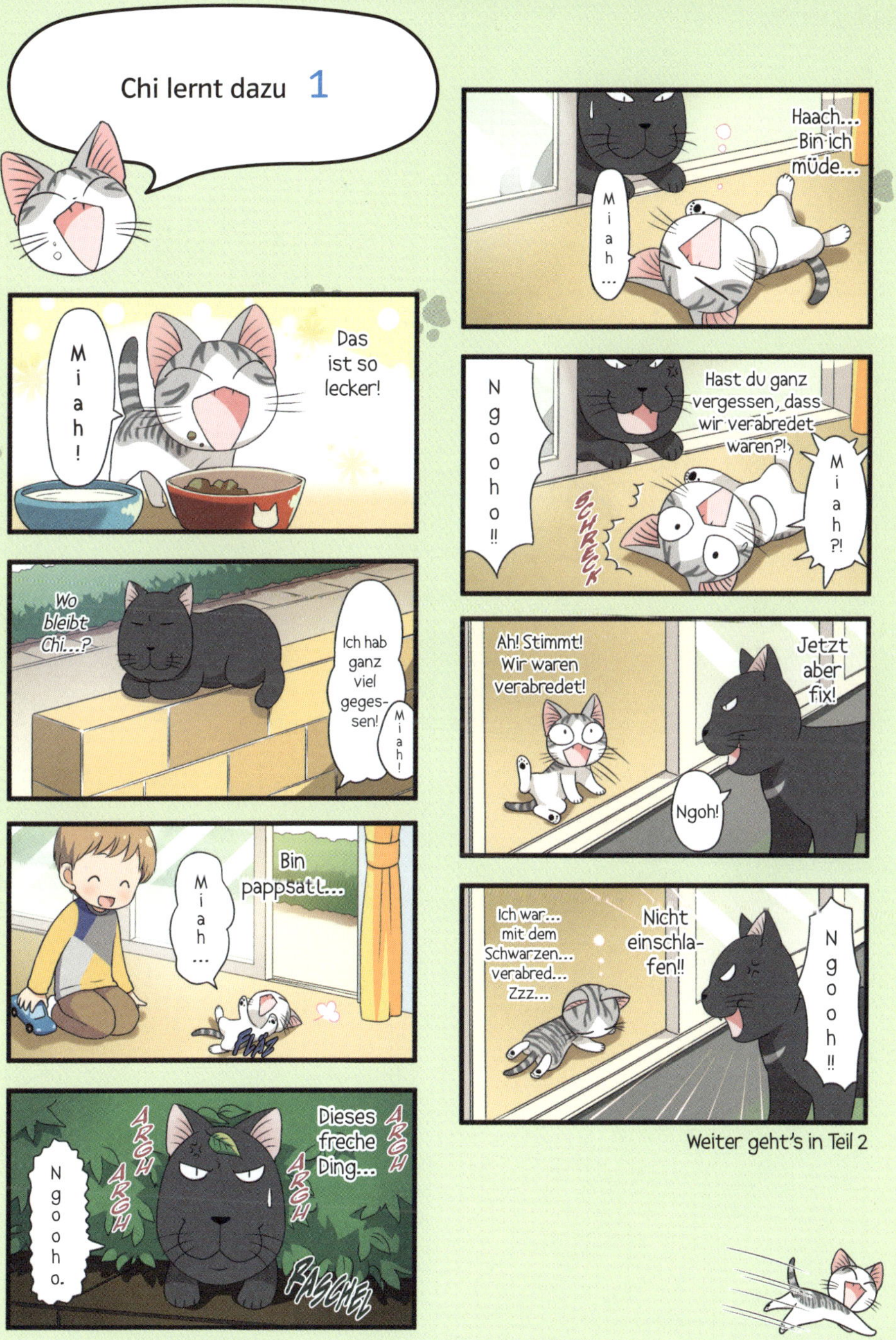
Chi lernt dazu 1
Miah!
Das ist so lecker!
Wo bleibt Chi…?
Ich hab ganz viel geges-sen!
Miah!
Bin pappsatt…
Miah…
FLUZ
Dieses freche Ding…
ARGH ARGH ARGH ARGH
Ngooho.
RASCHEL
Haach… Bin ich müde…
Miah…
Hast du ganz vergessen, dass wir verabredet waren?!
Ngooho!!
SCHRECK
Miah?!
Ah! Stimmt! Wir waren verabredet!
Jetzt aber fix!
Ngoh!
Ich war… mit dem Schwarzen… verabred… Zzz…
Nicht einschla-fen!!
Ngooh!!

Weiter geht's in Teil 2

Chi lernt dazu 2

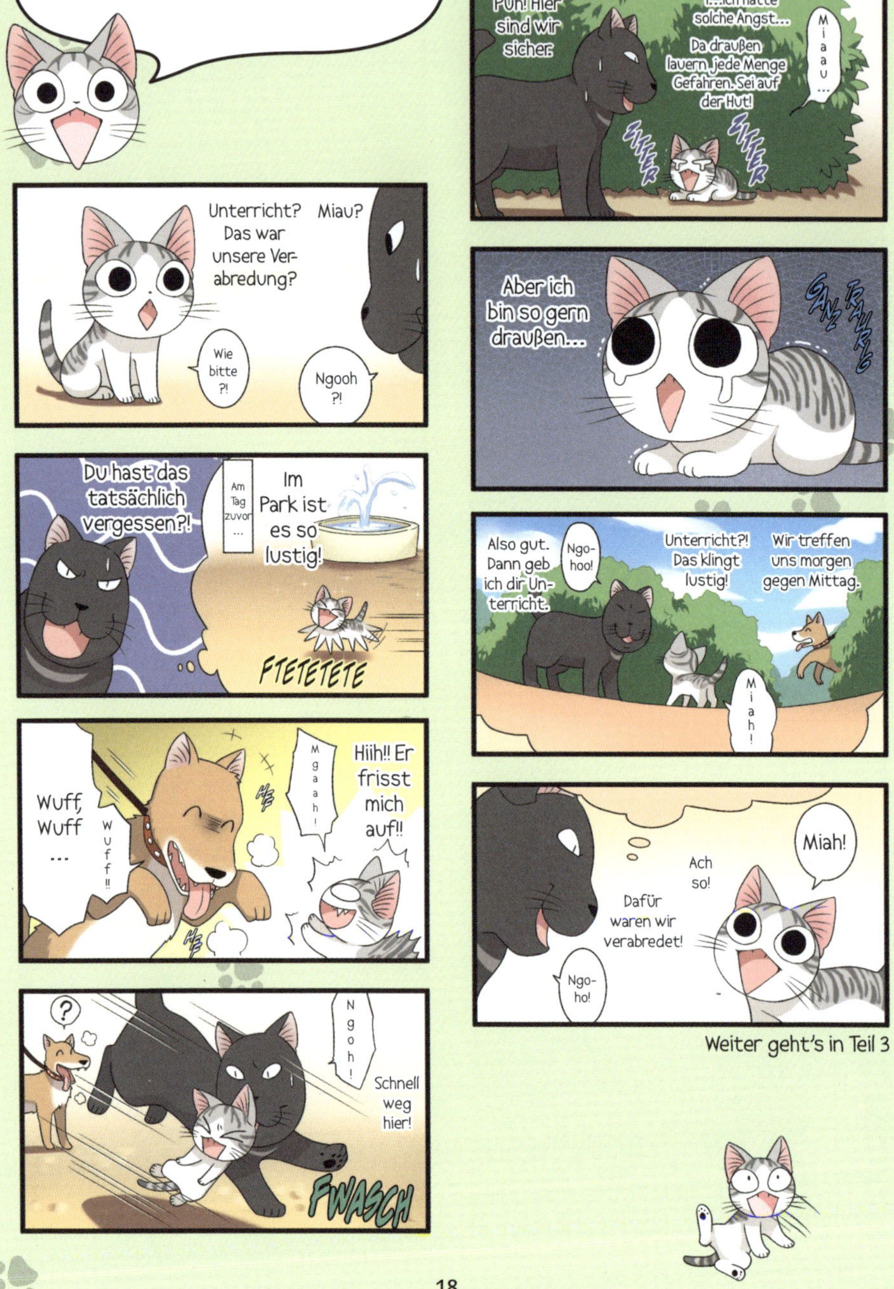

Unterricht? Das war unsere Verabredung?
Miau?
Wie bitte ?!
Ngooh ?!
Du hast das tatsächlich vergessen?!
Am Tag zuvor ...
Im Park ist es so lustig!
FTETETETE
Wuff, Wuff ...
Wuff!!
Mgaah!
Hiih!! Er frisst mich auf!!
?
Ngoh!
Schnell weg hier!
FWASCH
Puh! Hier sind wir sicher.
I...Ich hatte solche Angst...
Da draußen lauern jede Menge Gefahren. Sei auf der Hut!
Miau...
Aber ich bin so gern draußen...
GANZ TRAURIG
Also gut. Dann geb ich dir Unterricht.
Ngo-hoo!
Unterricht?! Das klingt lustig!
Wir treffen uns morgen gegen Mittag.
Miah!
Miah!
Ach so!
Dafür waren wir verabredet!
Ngo-ho!

Weiter geht's in Teil 3

Chi lernt dazu 3

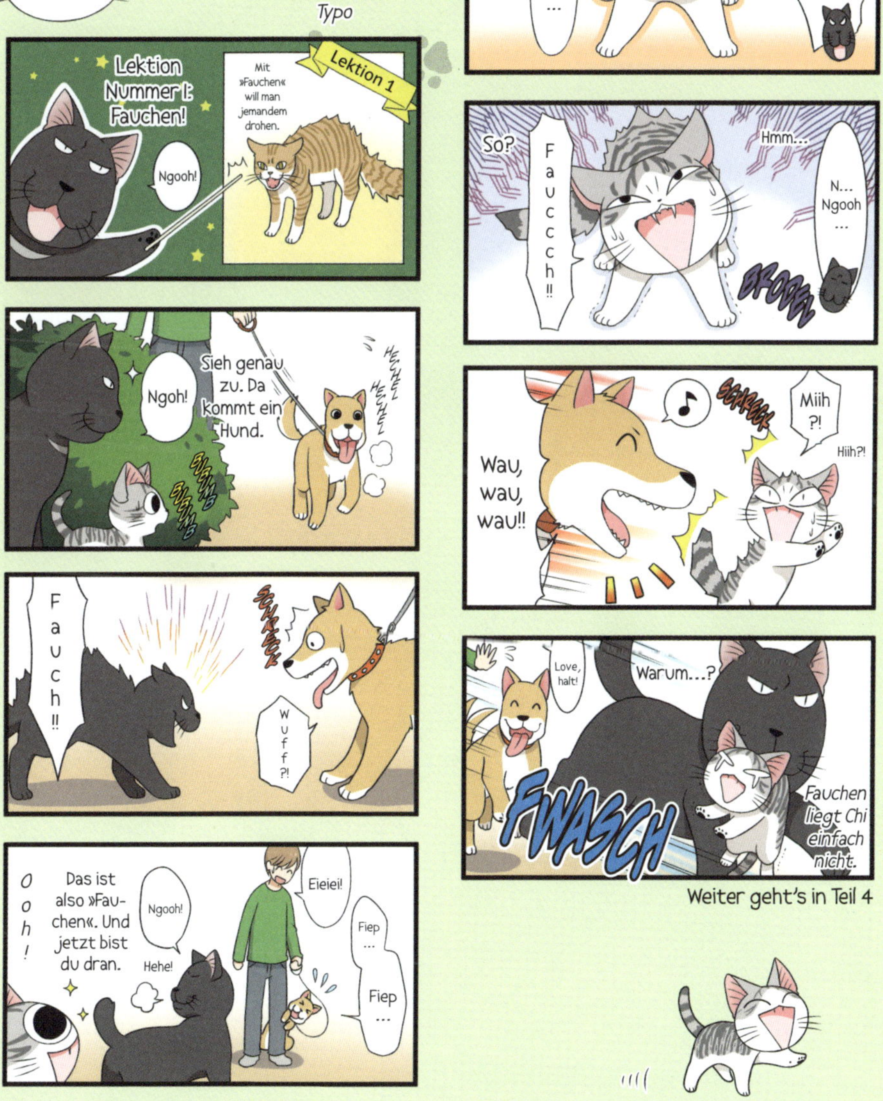
Typo
Lektion Nummer 1: Fauchen!
Ngooh!
Lektion 1
Mit »Fauchen« will man jemandem drohen.
Ngoh!
Sieh genau zu. Da kommt ein Hund.
Fauch!!
Wuff?!
Oooh!
Das ist also »Fauchen«. Und jetzt bist du dran.
Ngooh!
Hehe!
Eieiei!
Fiep ...
Fiep ...
So?
Fauch...
Noch stärker! Leg mehr Kraft rein!
Ngooh, ngooh!!
So?
Fauccch!!
Hmm...
N... Ngooh ...
BRODEL
Wau, wau, wau!!
Miih ?!
Hiih?!
Love, halt!
Warum...?
FWASCH
Fauchen liegt Chi einfach nicht.

Weiter geht's in Teil 4

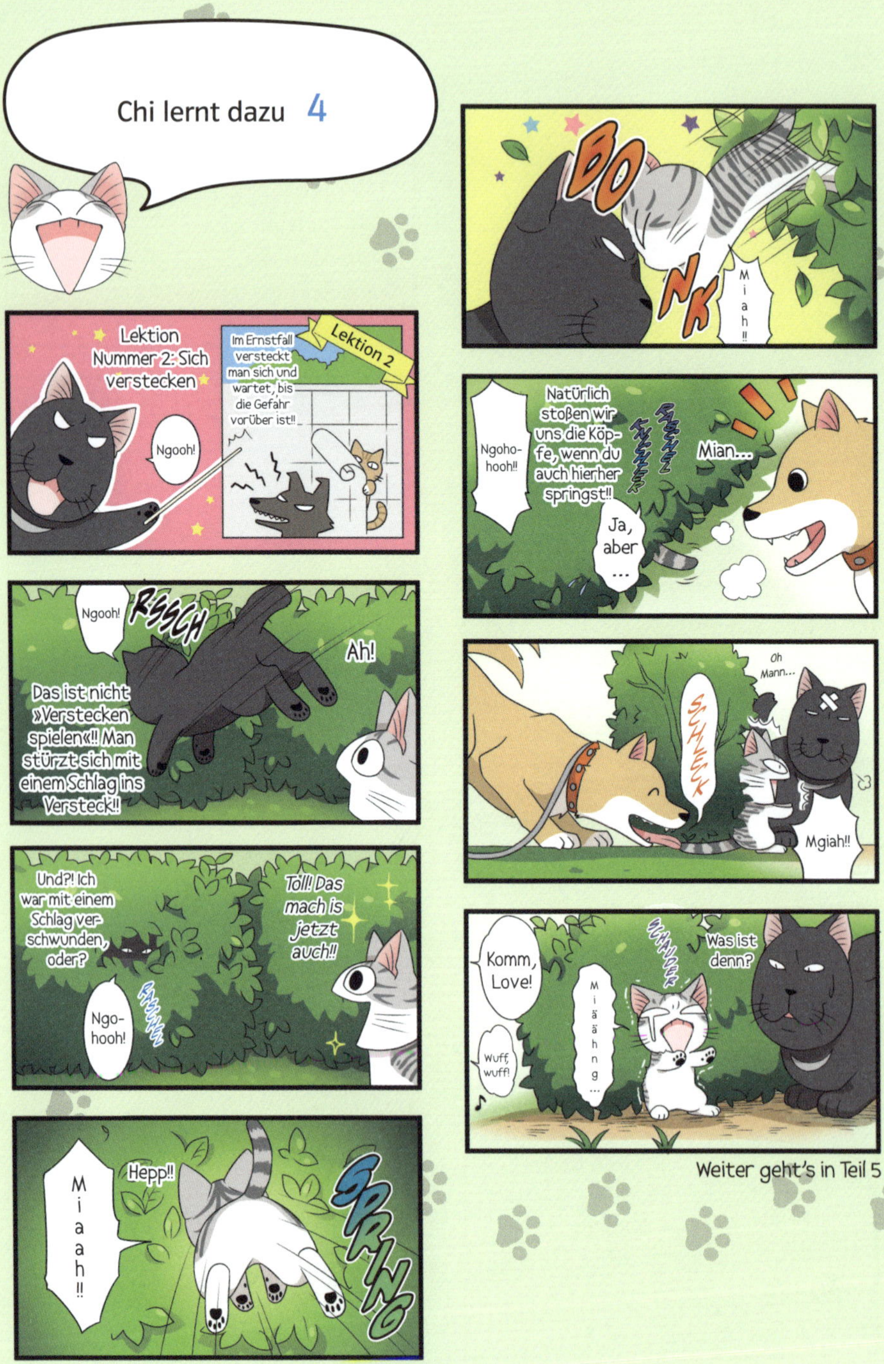
Chi lernt dazu 4
Lektion Nummer 2: Sich verstecken
Ngooh!
Lektion 2
Im Ernstfall versteckt man sich und wartet, bis die Gefahr vorüber ist!!
Ngooh!
RSSCH
Ah!
Das ist nicht »Verstecken spielen«!! Man stürzt sich mit einem Schlag ins Versteck!!
Und?! Ich war mit einem Schlag verschwunden, oder?
Ngo-hooh!
Toll! Das mach is jetzt auch!!
Miaah!!
Hepp!!
SPRING
BONK
Miah!!
Ngoho-hooh!!
Natürlich stoßen wir uns die Köpfe, wenn du auch hierher springst!!
Mian...
Ja, aber ...
Oh Mann...
SCHLECK
Mgiah!!
Komm, Love!
Wuff, wuff!
Miäähng...
Was ist denn?

Weiter geht's in Teil 5

Chi lernt dazu 5

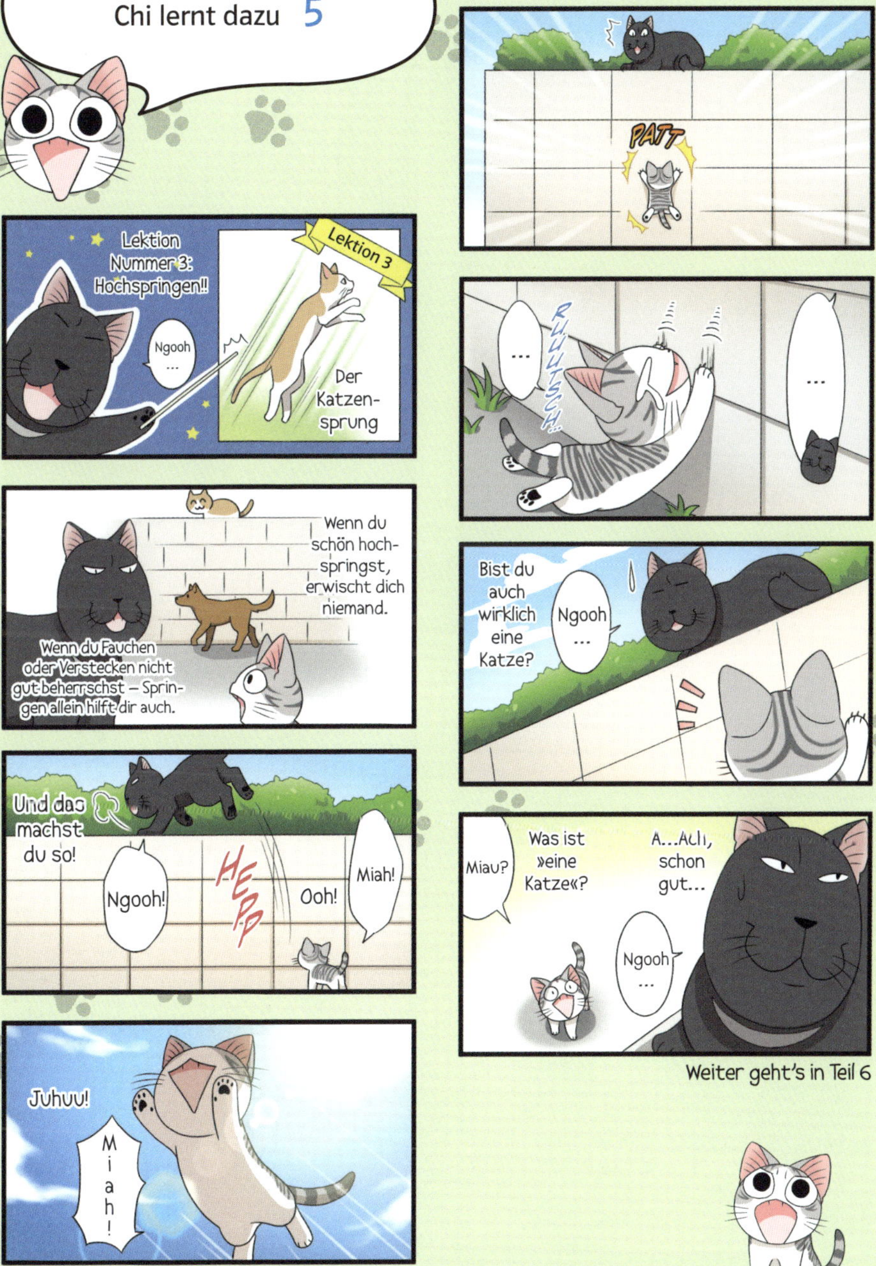

Lektion Nummer 3: Hochspringen!!
Ngooh …
Lektion 3
Der Katzen-sprung
Wenn du schön hoch-springst, erwischt dich niemand.
Wenn du Fauchen oder Verstecken nicht gut beherrschst – Springen allein hilft dir auch.
Und das machst du so!
Ngooh!
HEPP
Ooh!
Miah!
Juhuu!
Miah!
PATT
…
RUUUTSCH…
…
Bist du auch wirklich eine Katze?
Ngooh …
Miau?
Was ist »eine Katze«?
A…Ach, schon gut…
Ngooh …

Weiter geht's in Teil 6

Chi lernt dazu 6

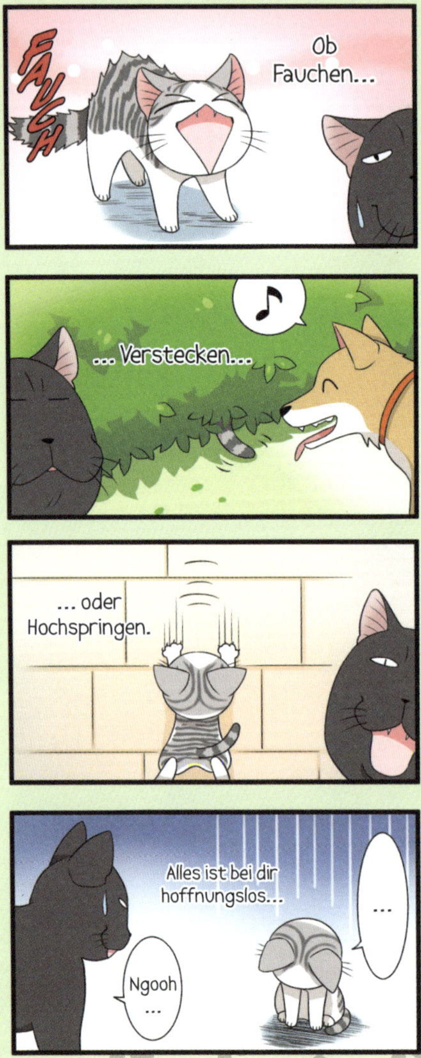
FAUCH
Ob Fauchen...
... Verstecken...
♪
... oder Hochspringen.
Alles ist bei dir hoffnungslos...
Ngooh ...
...

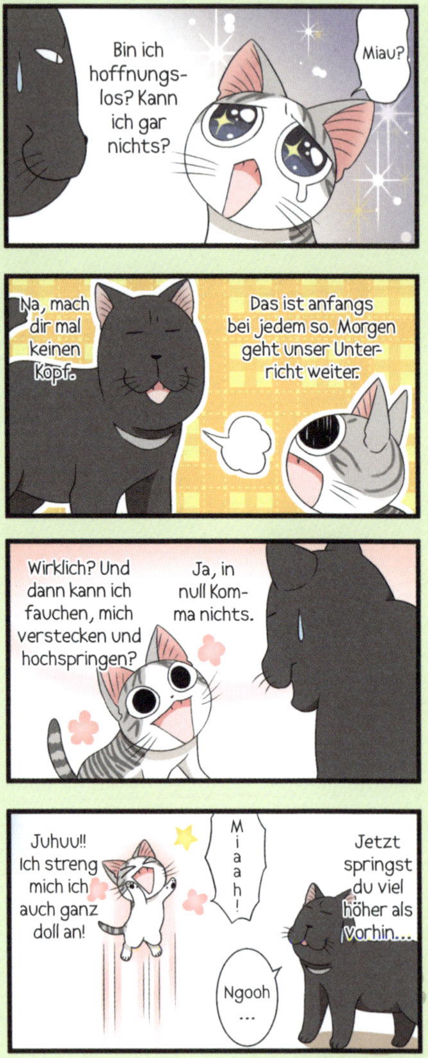
Bin ich hoffnungslos? Kann ich gar nichts?
Miau?
Na, mach dir mal keinen Kopf.
Das ist anfangs bei jedem so. Morgen geht unser Unterricht weiter.
Wirklich? Und dann kann ich fauchen, mich verstecken und hochspringen?
Ja, in null Komma nichts.
Juhuu!! Ich streng mich ich auch ganz doll an!
Miaah!
Ngooh ...
Jetzt springst du viel höher als vorhin...

Weiter geht's in Teil 7

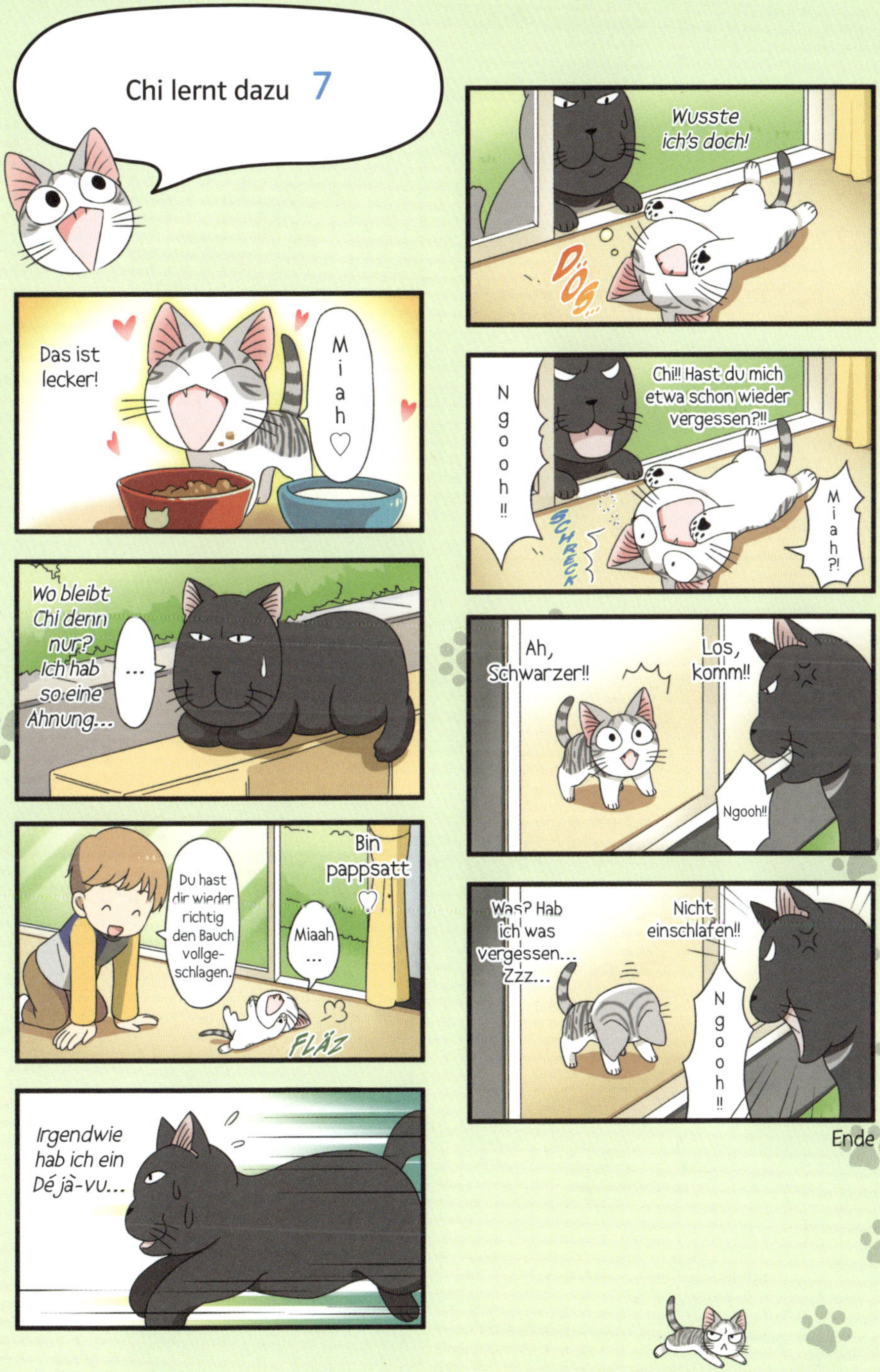
Chi lernt dazu 7
Das ist lecker!
Miah♡
Wo bleibt Chi denn nur? Ich hab so eine Ahnung...
...
Du hast dir wieder richtig den Bauch vollgeschlagen.
Bin pappsatt♡
Miaah ...
FLÄZ
Irgendwie hab ich ein Déjà-vu...
Wusste ich's doch!
DÖS...
Chi!! Hast du mich etwa schon wieder vergessen?!!
Ngooh!!
SCHRECK
Miah?!
Ah, Schwarzer!!
Los, komm!!
Ngooh!!
Was? Hab ich was vergessen... Zzz...
Nicht einschlafen!!
Ngooh!!
Ende

Chi und der Käse 1

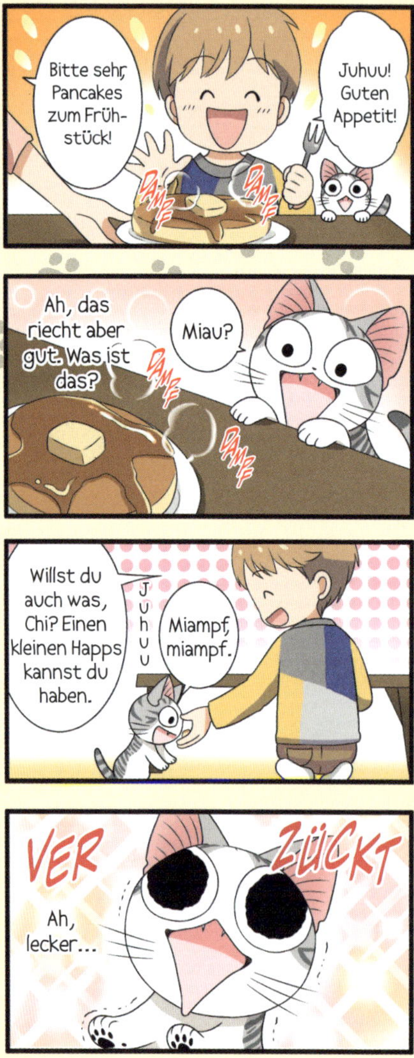
Bitte sehr, Pancakes zum Frühstück!
Juhuu! Guten Appetit!
DAMPF
DAMPF
Ah, das riecht aber gut. Was ist das?
Miau?
DAMPF
DAMPF
Willst du auch was, Chi? Einen kleinen Happs kannst du haben.
JUHUU
Miampf, miampf.
VER
ZÜCKT
Ah, lecker...

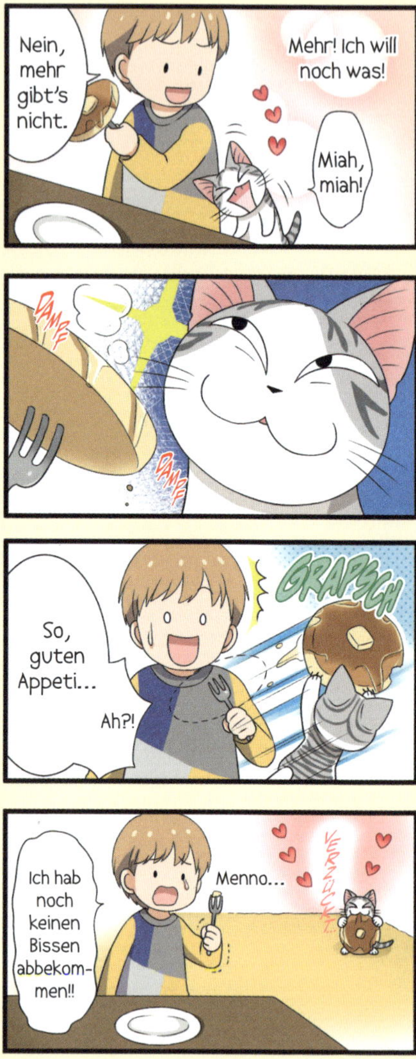
Nein, mehr gibt's nicht.
Mehr! Ich will noch was!
Miah, miah!
DAMPF
DAMPF
So, guten Appeti...
Ah?!
GRAPSCH
Ich hab noch keinen Bissen abbekommen!!
Menno...
VERZÜCKT

Weiter geht's in Teil 2

Chi und der Käse 2

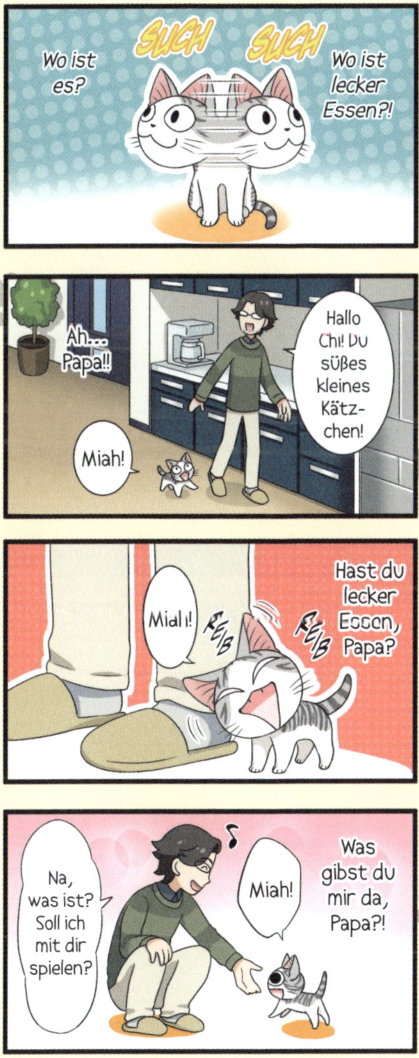
SUCH SUCH
Wo ist es?
Wo ist lecker Essen?!
Ah... Papa!!
Hallo Chi! Du süßes kleines Kätzchen!
Miah!
Hast du lecker Essen, Papa?
Miah!
REIB REIB
Was gibst du mir da, Papa?!
Miah!
Na, was ist? Soll ich mit dir spielen?

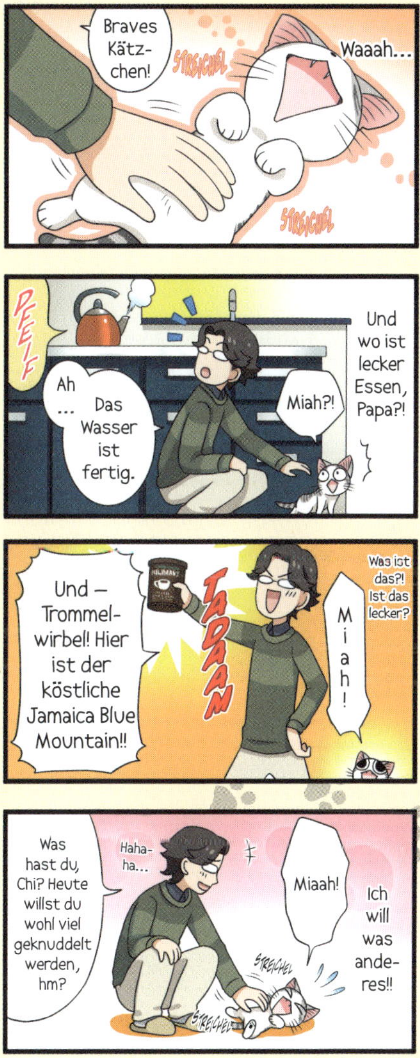
Braves Kätzchen!
STREICHEL
Waaah...
STREICHEL
PFEIF
Und wo ist lecker Essen, Papa?!
Miah?!
Ah ... Das Wasser ist fertig.
Was ist das?! Ist das lecker?
Miah!
TADAAM
Und – Trommelwirbel! Hier ist der köstliche Jamaica Blue Mountain!!
Ich will was anderes!!
Miaah!
Haha-ha...
Was hast du, Chi? Heute willst du wohl viel geknuddelt werden, hm?
STREICHEL
STREICHEL

Weiter geht's in Teil 3

Chi und der Käse 3

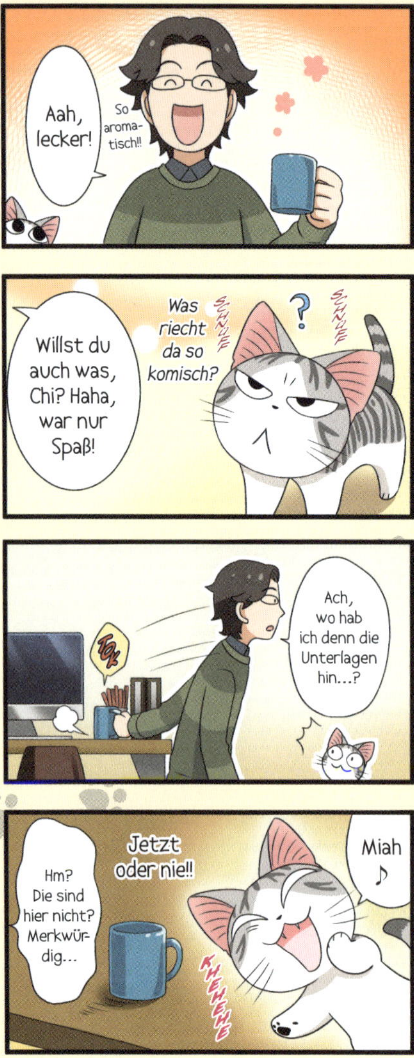
Aah, lecker!
So aromatisch!!
Willst du auch was, Chi? Haha, war nur Spaß!
Was riecht da so komisch?
SCHNUFF
SCHNUFF
?
Ach, wo hab ich denn die Unterlagen hin…?
TOK
Hm? Die sind hier nicht? Merkwürdig…
Jetzt oder nie!!
Miah ♪
KHEHEHE

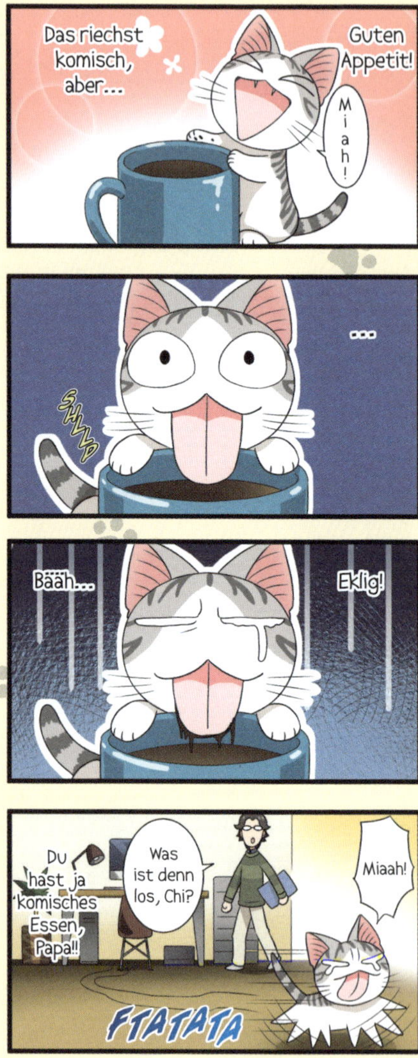
Das riecht komisch, aber…
Guten Appetit!
Miah!
…
Bääh…
Eklig!
Du hast ja komisches Essen, Papa!!
Was ist denn los, Chi?
Miaah!
FTATATA

Weiter geht's in Teil 4

Chi und der Käse 4

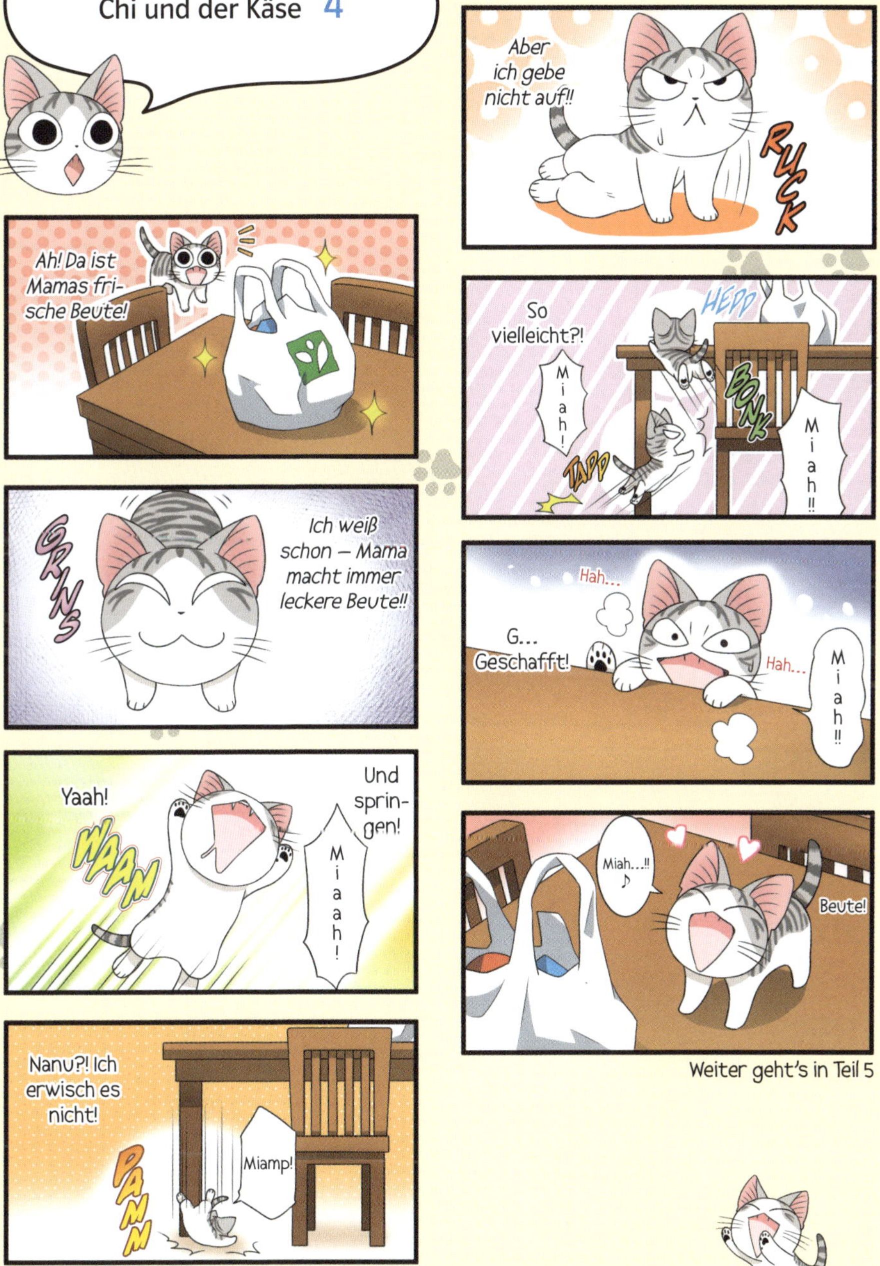

Ah! Da ist Mamas frische Beute!
GRINS
Ich weiß schon – Mama macht immer leckere Beute!!
Yaah!
WAAM
Und springen!
Miaah!
Nanu?! Ich erwisch es nicht!
PAMM
Miamp!
Aber ich gebe nicht auf!!
RUCK
So vielleicht?!
HEPP
Miah!
BONK
TAPP
Miah!!
Hah...
G... Geschafft!
Hah...
Miah!!
Miah...!! ♪
Beute!

Weiter geht's in Teil 5

Chi und der Käse 5

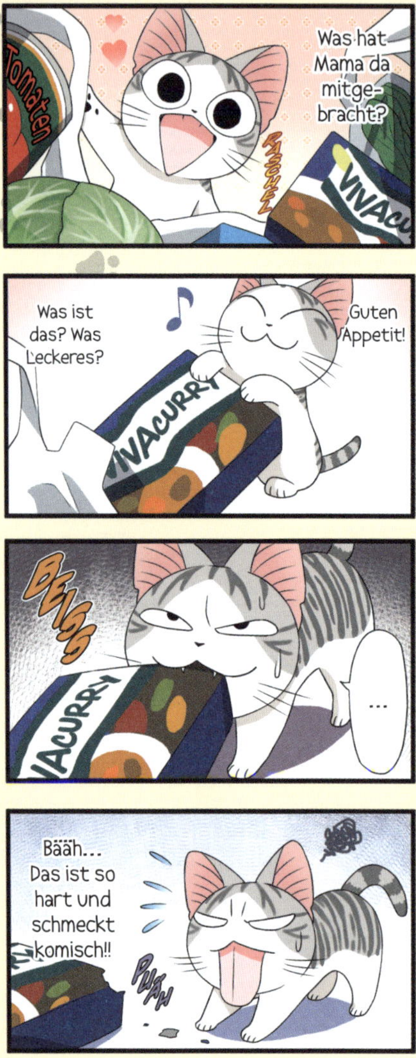
Tomaten
Was hat Mama da mitgebracht?
RASCHEL
Was ist das? Was Leckeres?
Guten Appetit!
VIVACURRY
BEISS
...
Bääh... Das ist so hart und schmeckt komisch!!

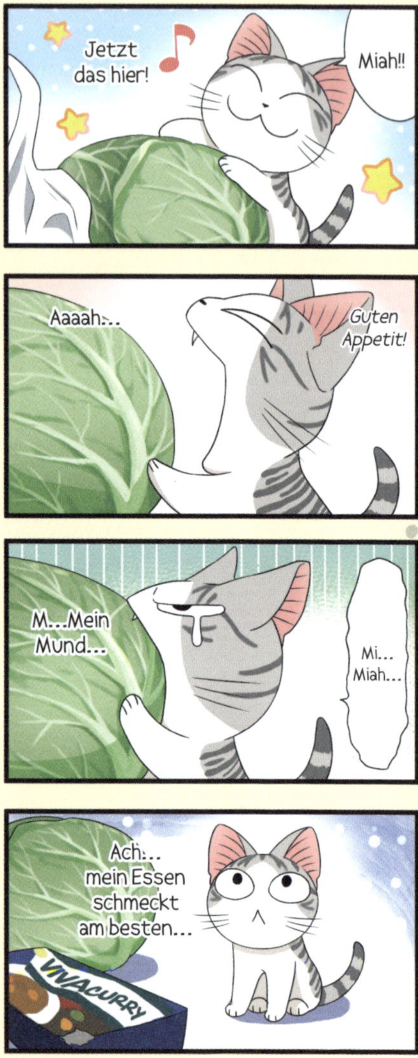
Jetzt das hier!
Miah!!
Aaaah...
Guten Appetit!
M...Mein Mund...
Mi... Miah...
Ach... mein Essen schmeckt am besten...
VIVACURRY

Weiter geht's in Teil 6

Chi und der Käse 6

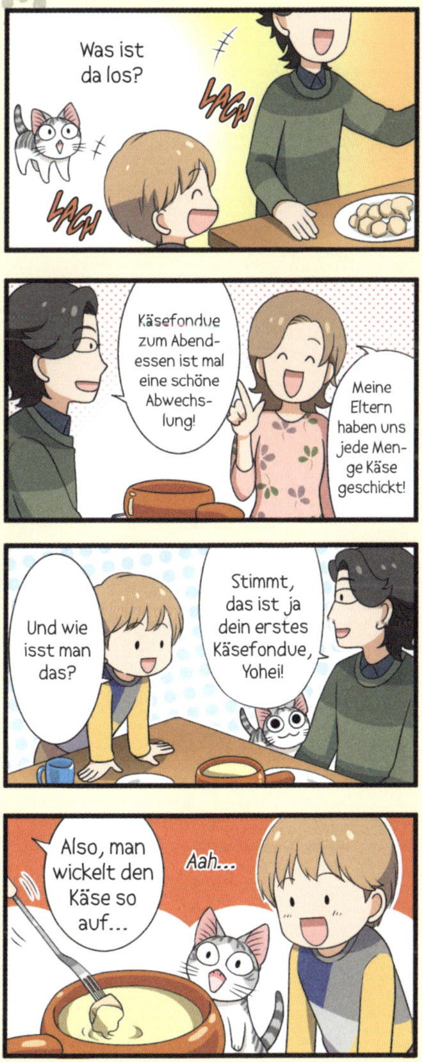
Was ist da los?
LACH
LACH
Käsefondue zum Abendessen ist mal eine schöne Abwechslung!
Meine Eltern haben uns jede Menge Käse geschickt!
Und wie isst man das?
Stimmt, das ist ja dein erstes Käsefondue, Yohei!
Also, man wickelt den Käse so auf...
Aah...

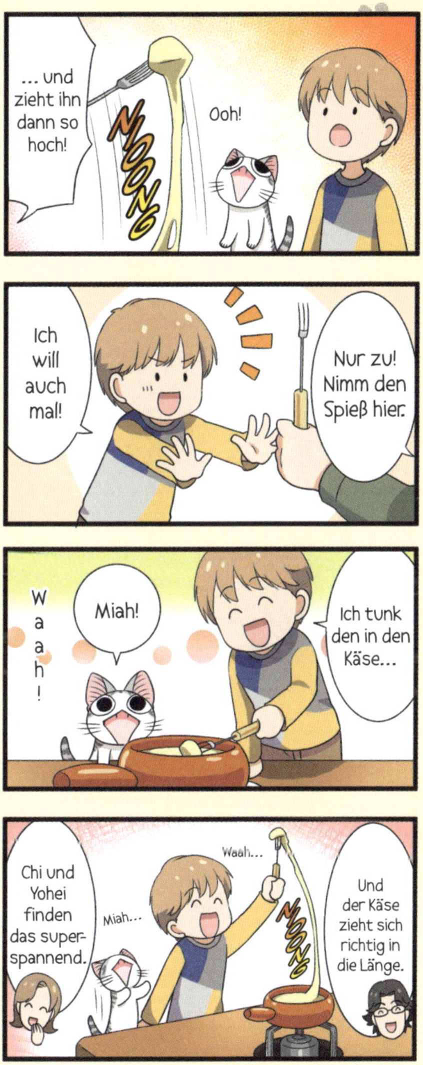
... und zieht ihn dann so hoch!
MOONG
Ooh!
Ich will auch mal!
Nur zu! Nimm den Spieß hier.
Waah!
Miah!
Ich tunk den in den Käse...
Chi und Yohei finden das superspannend.
Waah...
Miah...
MOONG
Und der Käse zieht sich richtig in die Länge.

Weiter geht's in Teil 7

Chi und der Käse 7

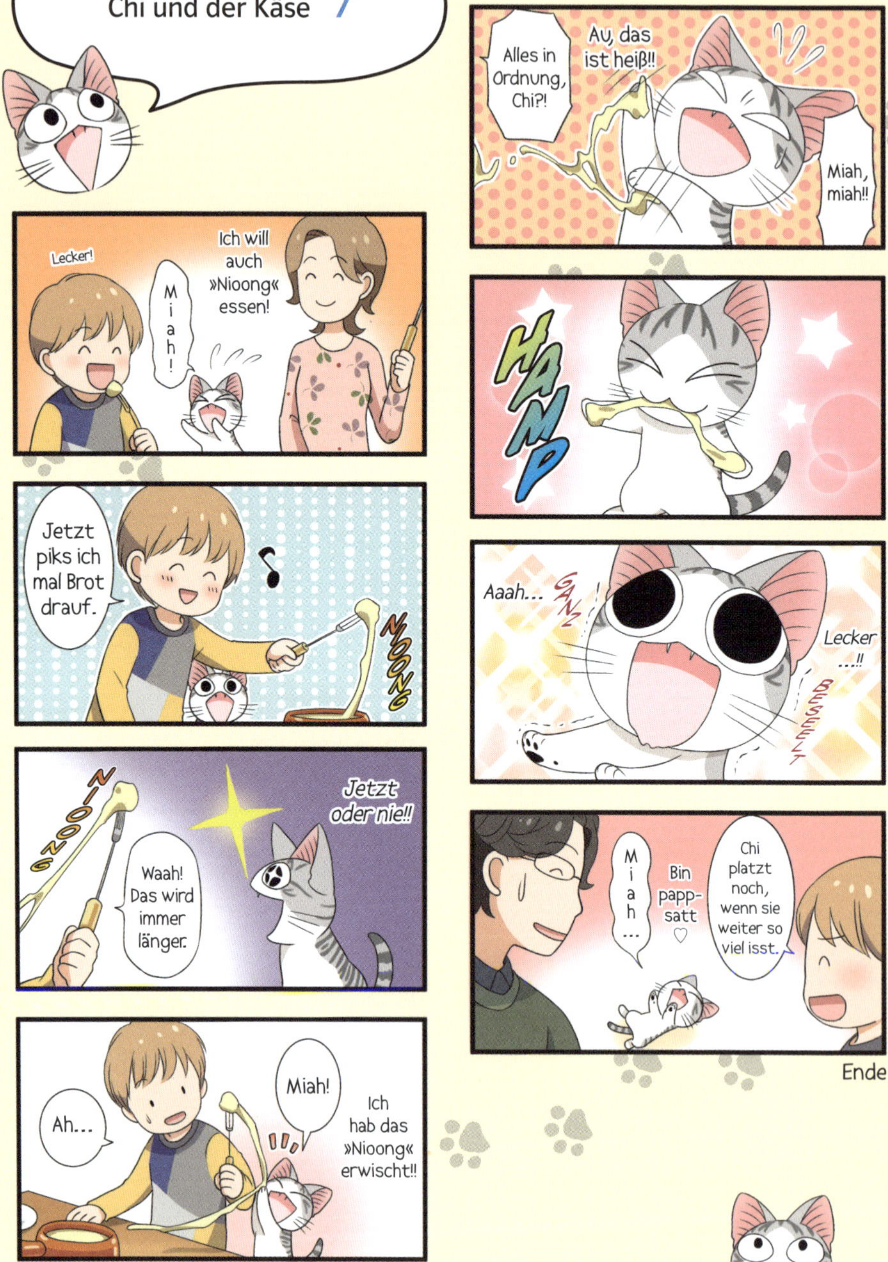
Lecker!
Miah!
Ich will auch »Nioong« essen!
Jetzt piks ich mal Brot drauf.
NIOONG
NIOONG
Waah! Das wird immer länger.
Jetzt oder nie!!
Ah…
Miah!
Ich hab das »Nioong« erwischt!!
Alles in Ordnung, Chi?!
Au, das ist heiß!!
Miah, miah!!
HAMP
Aaah…
GANZ
Lecker …!!
BESEELT
Miah…
Bin papp-satt ♡
Chi platzt noch, wenn sie weiter so viel isst.

Ende

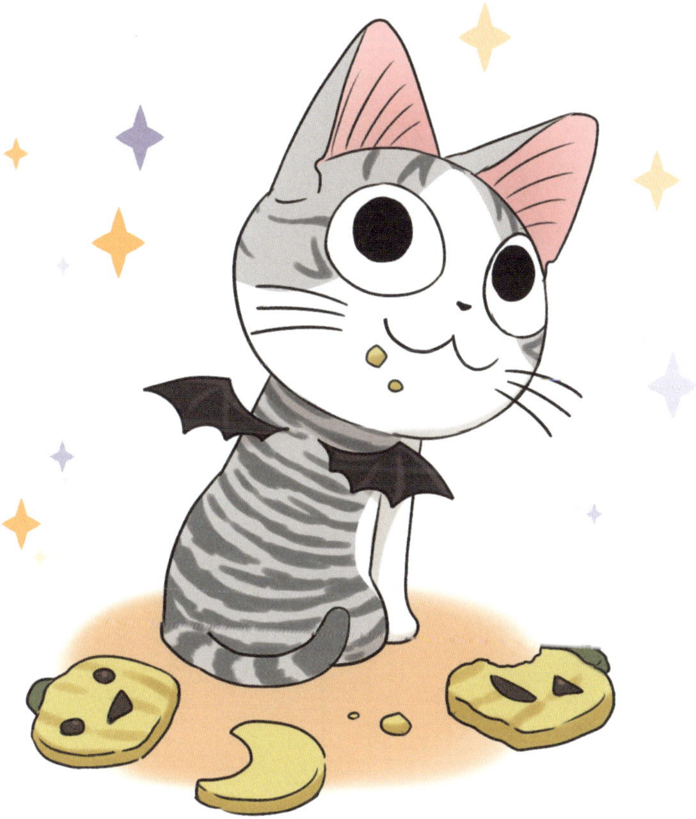

Chi feiert Halloween 1

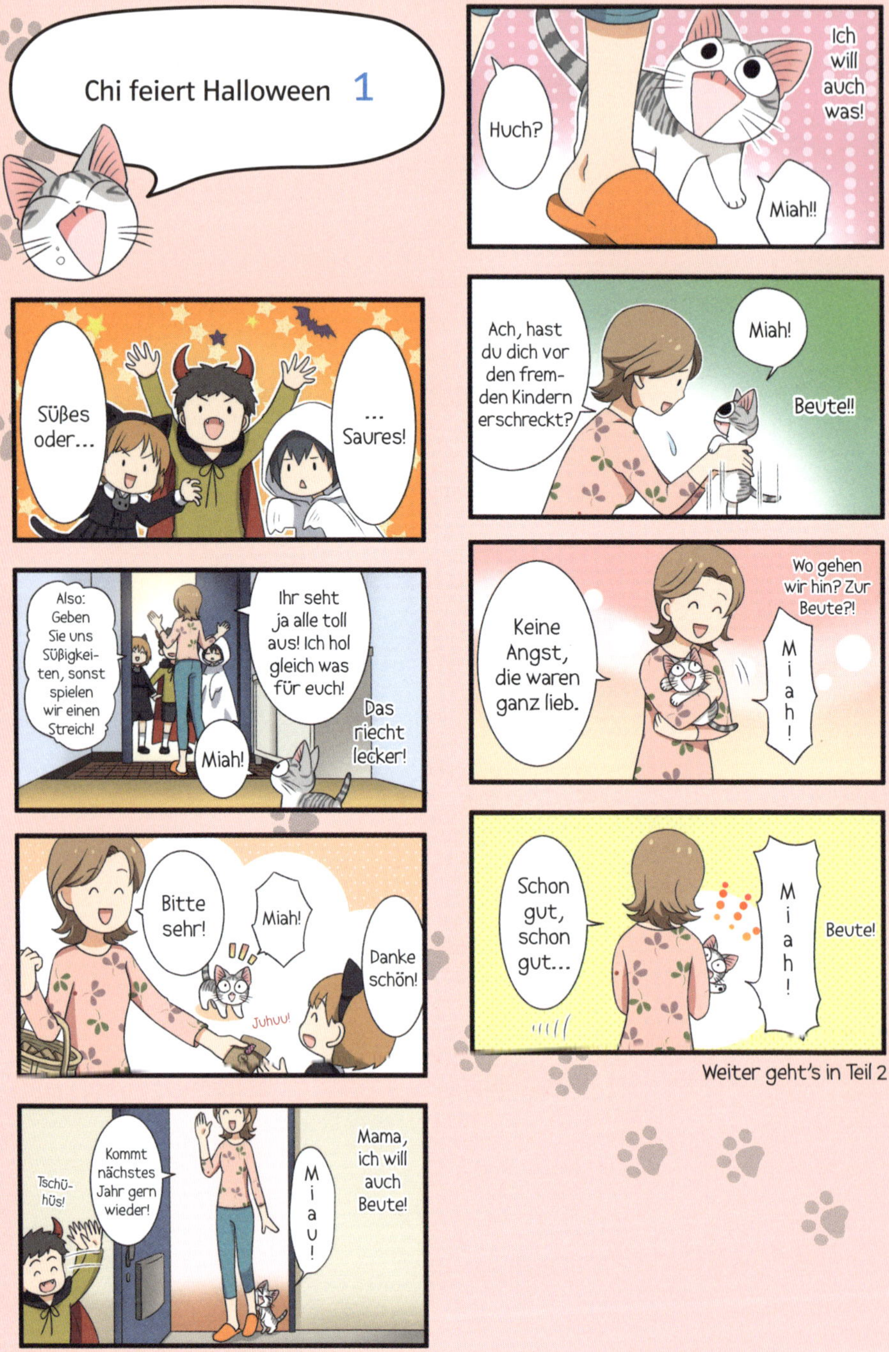
Süßes oder…
… Saures!
Also: Geben Sie uns Süßigkeiten, sonst spielen wir einen Streich!
Ihr seht ja alle toll aus! Ich hol gleich was für euch!
Miah!
Das riecht lecker!
Bitte sehr!
Miah!
Danke schön!
Juhuu!
Tschü-hüs!
Kommt nächstes Jahr gern wieder!
Miau!
Mama, ich will auch Beute!
Huch?
Ich will auch was!
Miah!!
Ach, hast du dich vor den fremden Kindern erschreckt?
Miah!
Beute!!
Keine Angst, die waren ganz lieb.
Miah!
Wo gehen wir hin? Zur Beute?!
Schon gut, schon gut…
Miah!
Beute!

Weiter geht's in Teil 2

Chi feiert Halloween 2

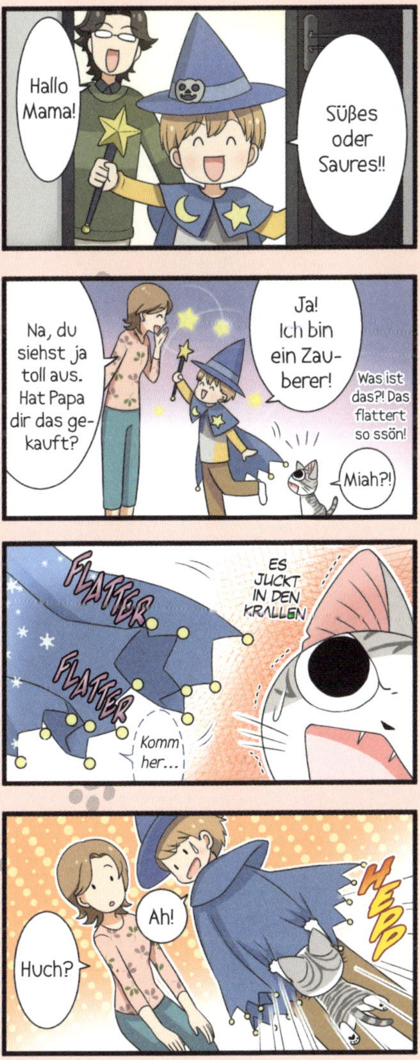

Hallo Mama!
Süßes oder Saures!!
Na, du siehst ja toll aus. Hat Papa dir das gekauft?
Ja! Ich bin ein Zauberer!
Was ist das?! Das flattert so ssön!
Miah?!
FLATTER
FLATTER
ES JUCKT IN DEN KRALLEN
Komm her…
Huch?
Ah!
HEPP

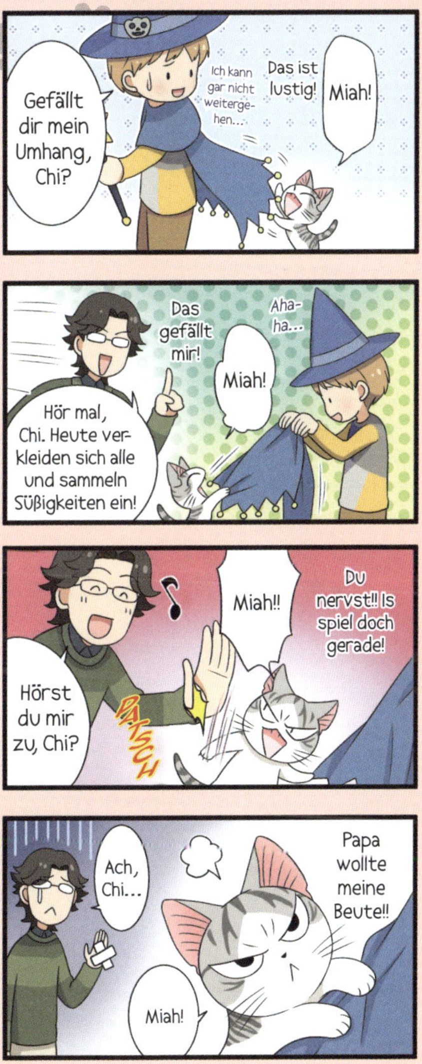

Gefällt dir mein Umhang, Chi?
Ich kann gar nicht weitergehen…
Das ist lustig!
Miah!
Hör mal, Chi. Heute verkleiden sich alle und sammeln Süßigkeiten ein!
Das gefällt mir!
Miah!
Aha-ha…
Hörst du mir zu, Chi?
Miah!!
Du nervst!! Is spiel doch gerade!
PATSCH
Ach, Chi…
Miah!
Papa wollte meine Beute!!

Weiter geht's in Teil 3

Chi feiert Halloween 3

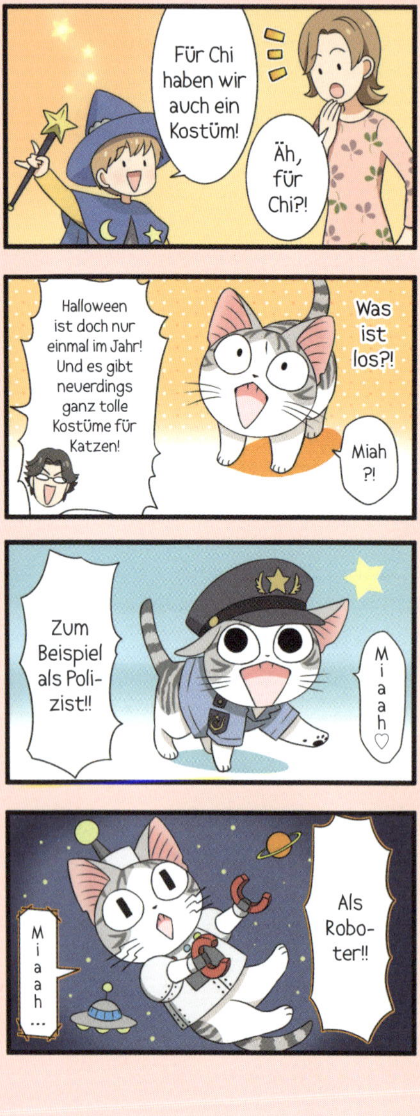

Für Chi haben wir auch ein Kostüm!
Äh, für Chi?!
Halloween ist doch nur einmal im Jahr! Und es gibt neuerdings ganz tolle Kostüme für Katzen!
Was ist los?!
Miah?!
Zum Beispiel als Polizist!!
Miaah♡
Als Roboter!!
Miaah...

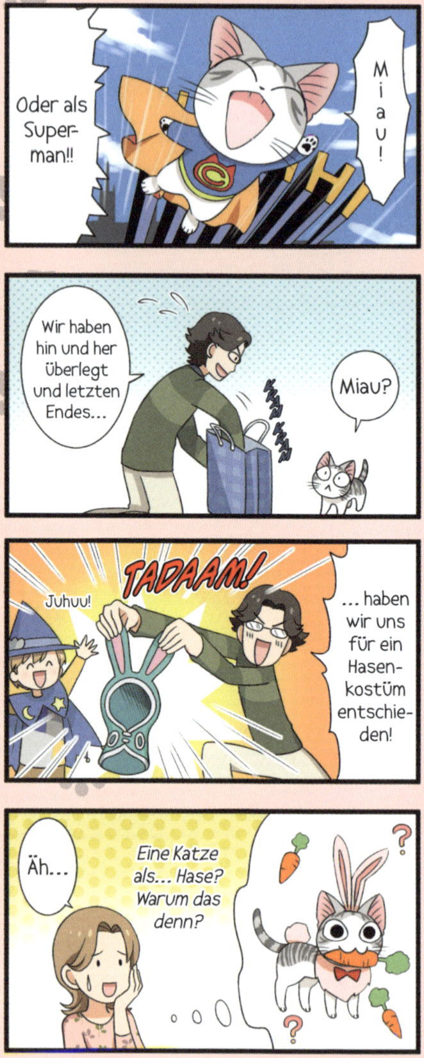

Oder als Superman!!
Miau!
Wir haben hin und her überlegt und letzten Endes...
Miau?
TADAAM!
Juhuu!
... haben wir uns für ein Hasenkostüm entschieden!
Äh...
Eine Katze als... Hase? Warum das denn?

Weiter geht's in Teil 4

Chi feiert Halloween 4

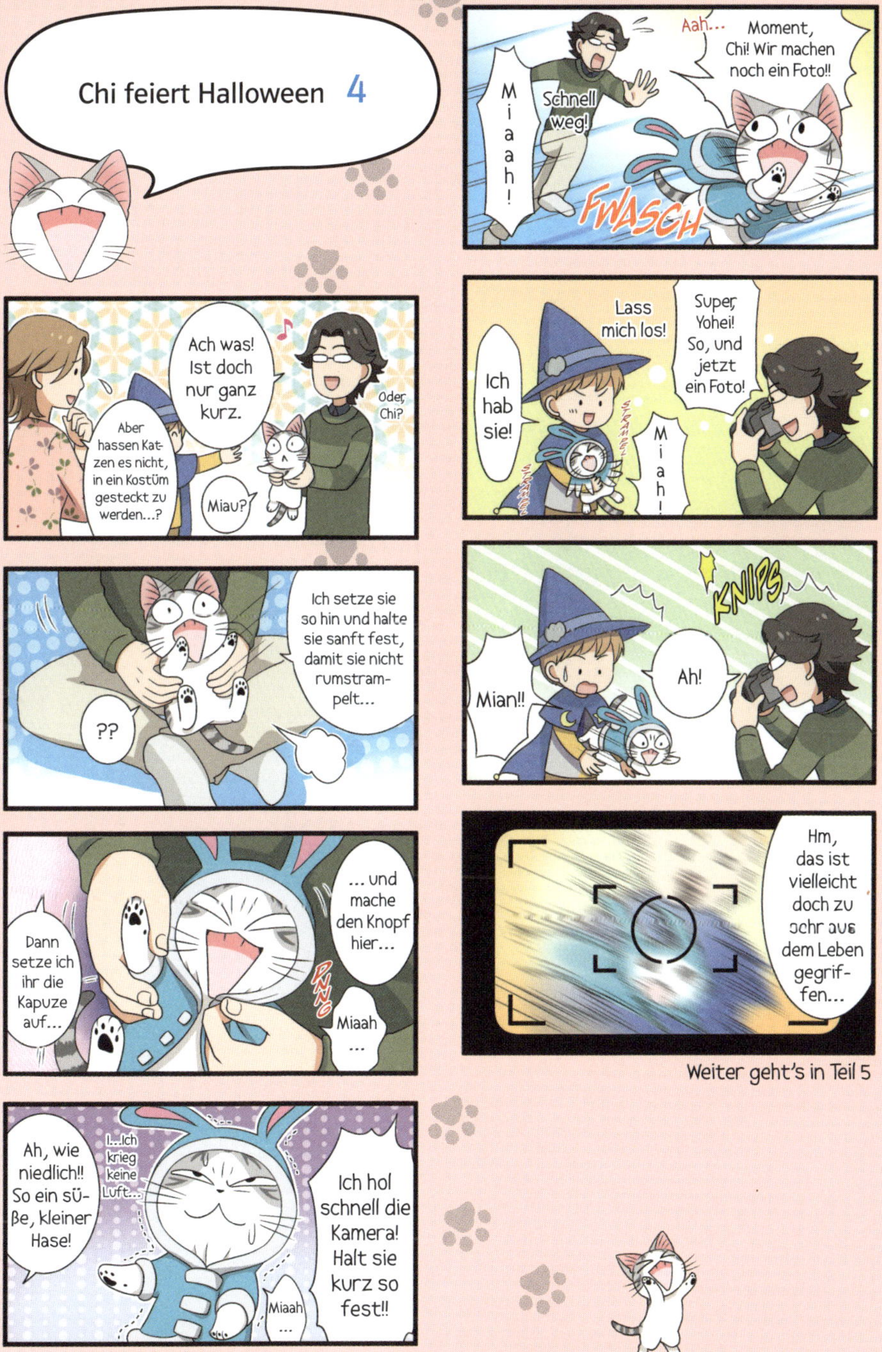

Ach was! Ist doch nur ganz kurz.
Aber hassen Katzen es nicht, in ein Kostüm gesteckt zu werden...?
Oder, Chi?
Miau?
Ich setze sie so hin und halte sie sanft fest, damit sie nicht rumstrampelt...
??
... und mache den Knopf hier...
Dann setze ich ihr die Kapuze auf...
Miaah ...
Ich hol schnell die Kamera! Halt sie kurz so fest!!
I...Ich krieg keine Luft...
Ah, wie niedlich!! So ein süße, kleiner Hase!
Miaah ...
Moment, Chi! Wir machen noch ein Foto!!
Aah...
Schnell weg!
Miaah!
FWASCH
Super, Yohei! So, und jetzt ein Foto!
Lass mich los!
Ich hab sie!
Miah!
KNIPS
Ah!
Mian!!
Hm, das ist vielleicht doch zu sehr aus dem Leben gegriffen...

Weiter geht's in Teil 5

Chi feiert Halloween 5

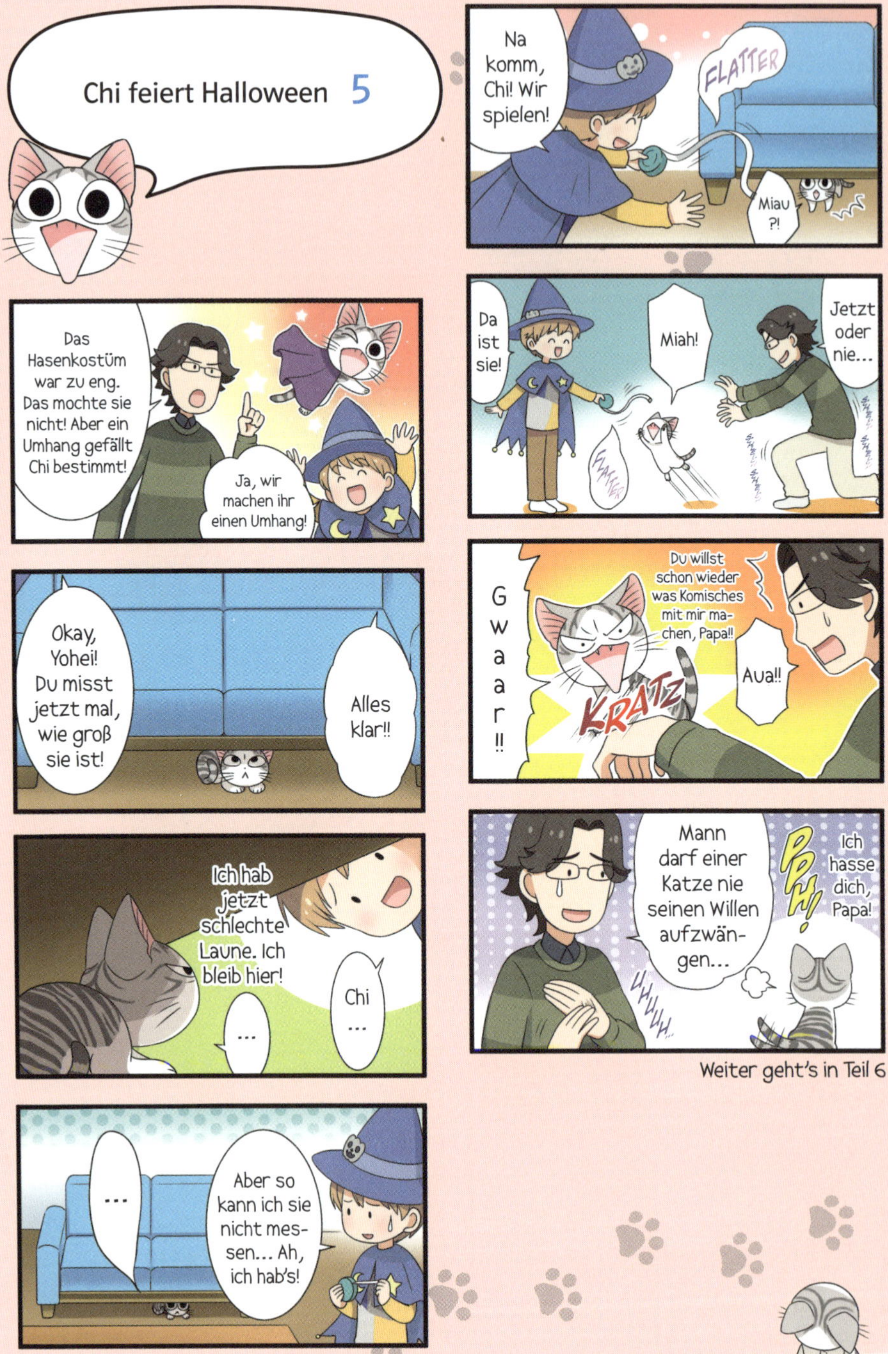
Das Hasenkostüm war zu eng. Das mochte sie nicht! Aber ein Umhang gefällt Chi bestimmt!
Ja, wir machen ihr einen Umhang!
Okay, Yohei! Du misst jetzt mal, wie groß sie ist!
Alles klar!!
Ich hab jetzt schlechte Laune. Ich bleib hier!
Chi ...
...
...
Aber so kann ich sie nicht messen... Ah, ich hab's!
Na komm, Chi! Wir spielen!
FLATTER
Miau ?!
Da ist sie!
Miah!
Jetzt oder nie...
FLATTER
Gwaar!!
Du willst schon wieder was Komisches mit mir machen, Papa!!
KRATZ
Aua!!
Mann darf einer Katze nie seinen Willen aufzwängen...
PFH!
Ich hasse dich, Papa!

Weiter geht's in Teil 6

Chi feiert Halloween 6

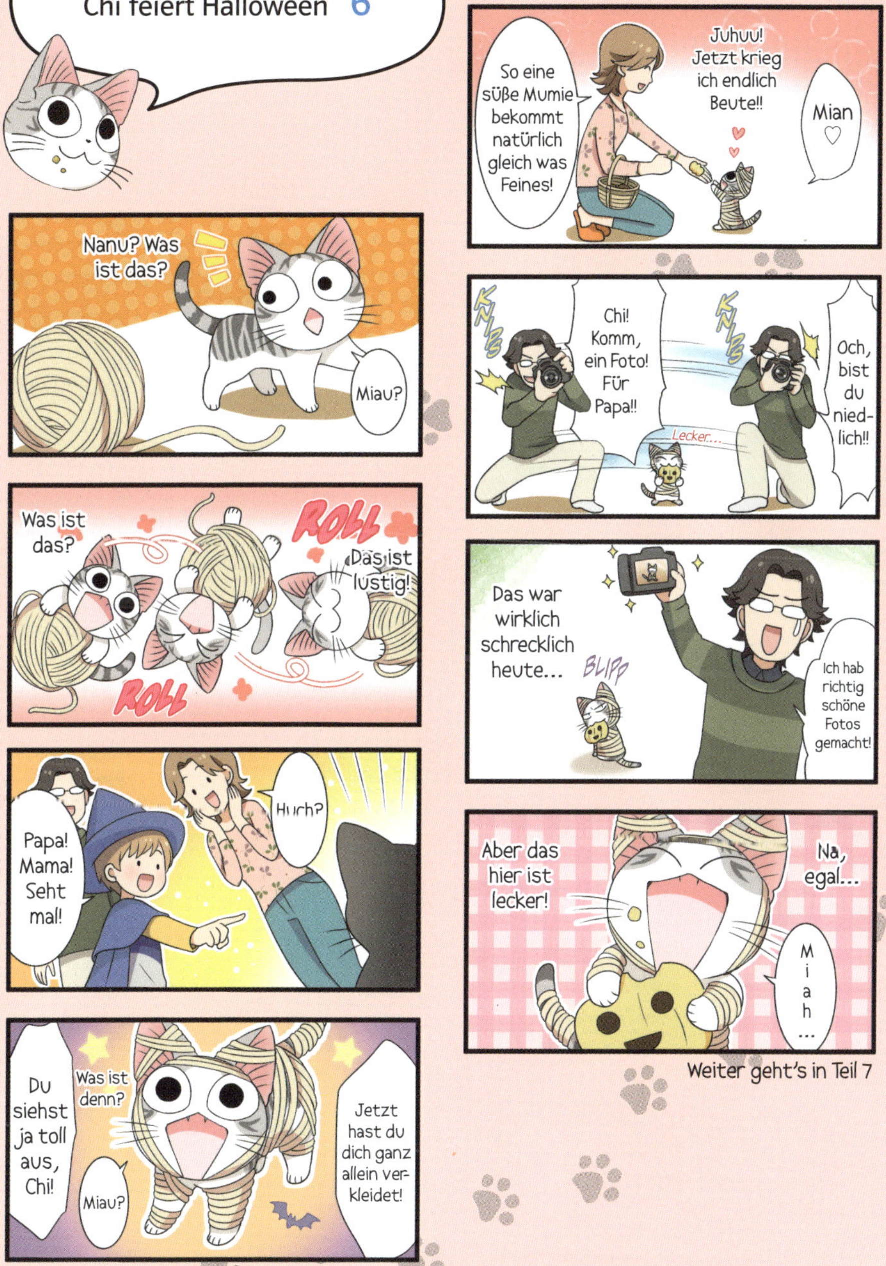

Nanu? Was ist das?
Miau?
Was ist das?
ROLL
Das ist lustig!
ROLL
Papa! Mama! Seht mal!
Huch?
Du siehst ja toll aus, Chi!
Was ist denn?
Miau?
Jetzt hast du dich ganz allein verkleidet!
So eine süße Mumie bekommt natürlich gleich was Feines!
Juhuu! Jetzt krieg ich endlich Beute!!
Mian ♡
KNIPS
Chi! Komm, ein Foto! Für Papa!!
KNIPS
Och, bist du niedlich!!
Lecker…
Das war wirklich schrecklich heute…
BLIPP
Ich hab richtig schöne Fotos gemacht!
Aber das hier ist lecker!
Na, egal…
Miah…

Weiter geht's in Teil 7

Chi feiert Halloween 7

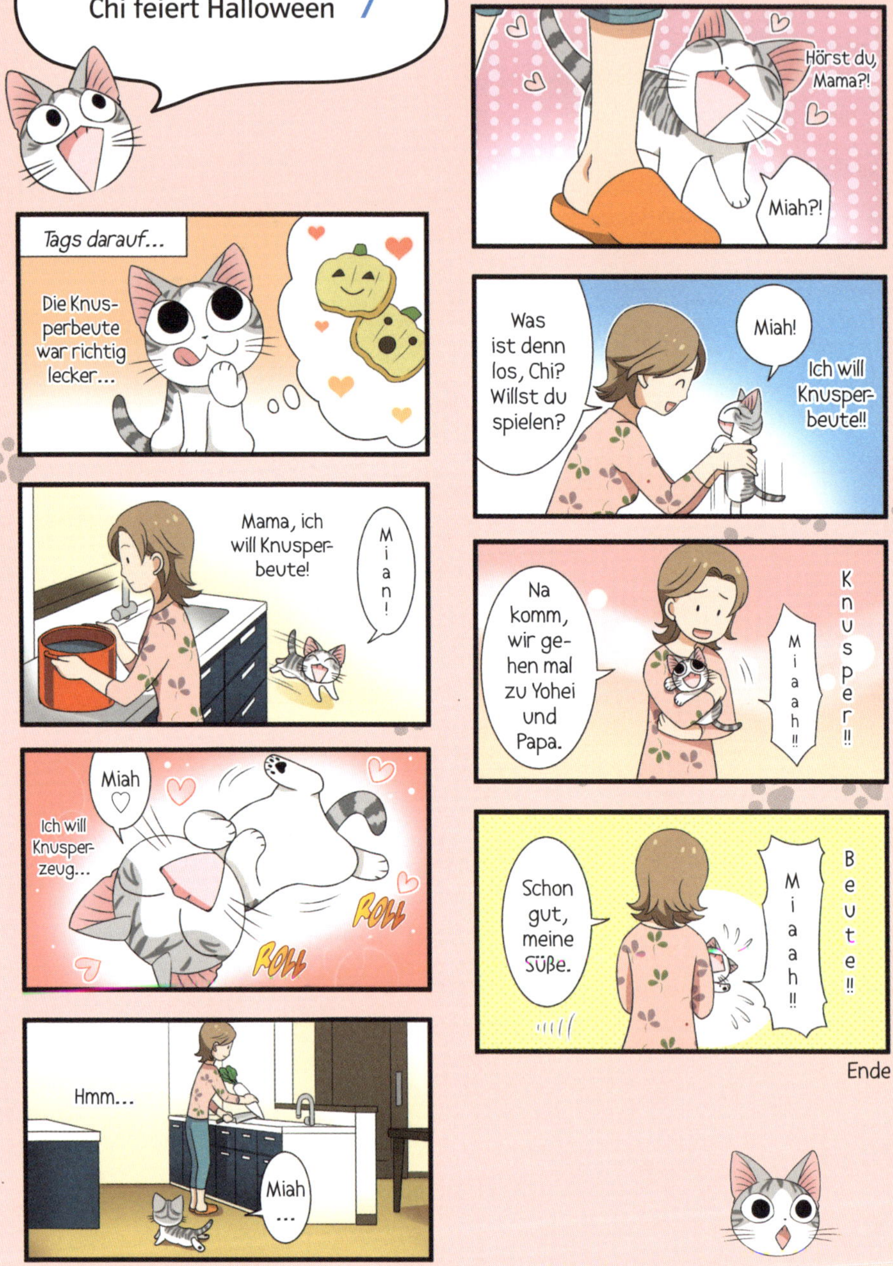
Tags darauf...
Die Knusperbeute war richtig lecker...
Mama, ich will Knusperbeute!
Mian!
Miah ♡
Ich will Knusperzeug...
ROLL
ROLL
Hmm...
Miah...
Hörst du, Mama?!
Miah?!
Was ist denn los, Chi? Willst du spielen?
Miah!
Ich will Knusperbeute!!
Na komm, wir gehen mal zu Yohei und Papa.
Miaah!!
Knusper!!
Schon gut, meine Süße.
Miaah!!
Beute!!

Ende

Chi wird gebürstet 1

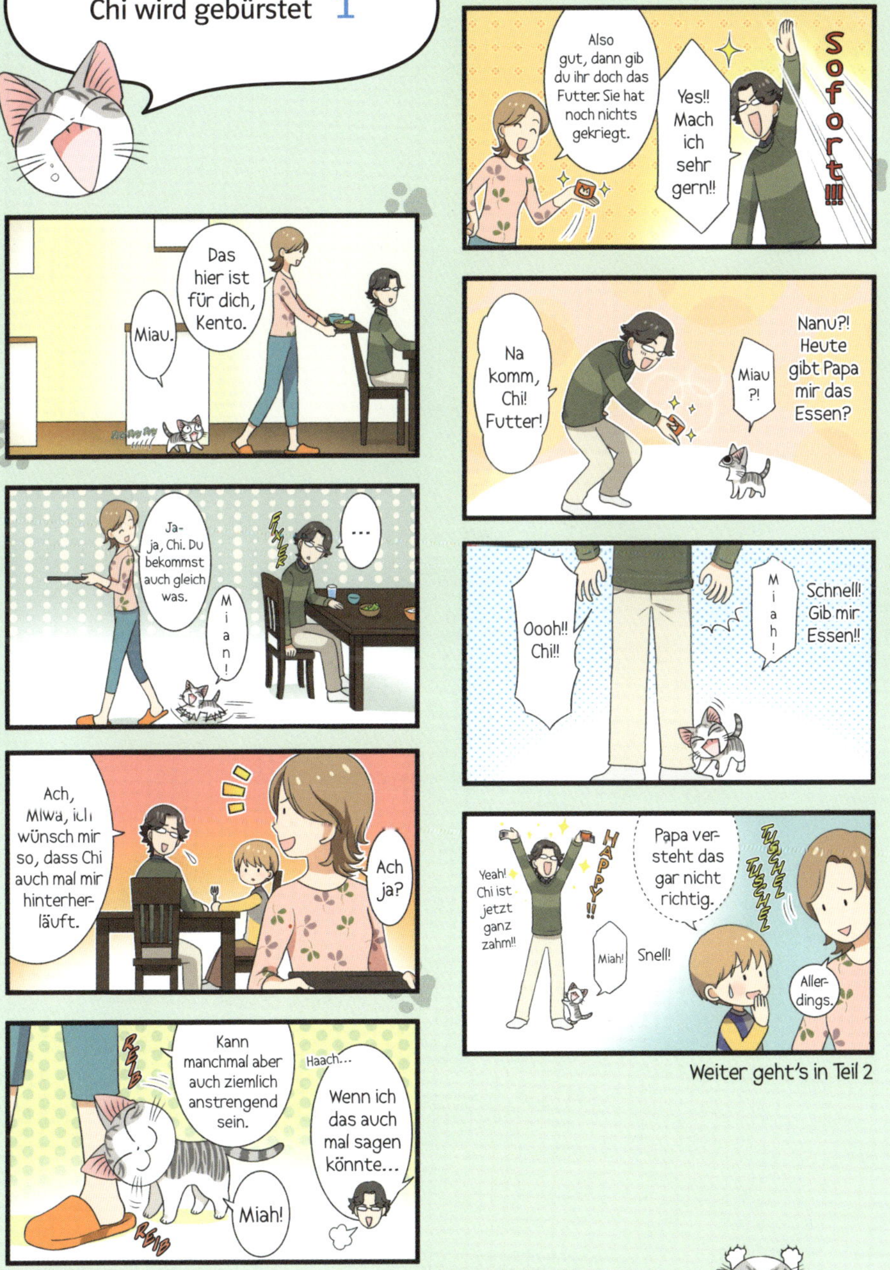

Das hier ist für dich, Kento.
Miau.
Ja-ja, Chi. Du bekommst auch gleich was.
Mian!
...
Ach, Miwa, ich wünsch mir so, dass Chi auch mal mir hinterherläuft.
Ach ja?
Kann manchmal aber auch ziemlich anstrengend sein.
REIB
Miah!
Haach...
Wenn ich das auch mal sagen könnte...
REIB
Also gut, dann gib du ihr doch das Futter. Sie hat noch nichts gekriegt.
Yes!! Mach ich sehr gern!!
Sofort!!!
Na komm, Chi! Futter!
Miau?!
Nanu?! Heute gibt Papa mir das Essen?
Oooh!! Chi!!
Miah!
Schnell! Gib mir Essen!!
Yeah! Chi ist jetzt ganz zahm!!
HAPPY!!
Papa versteht das gar nicht richtig.
Miah!
Snell!
Allerdings.

Weiter geht's in Teil 2

Chi wird gebürstet 2

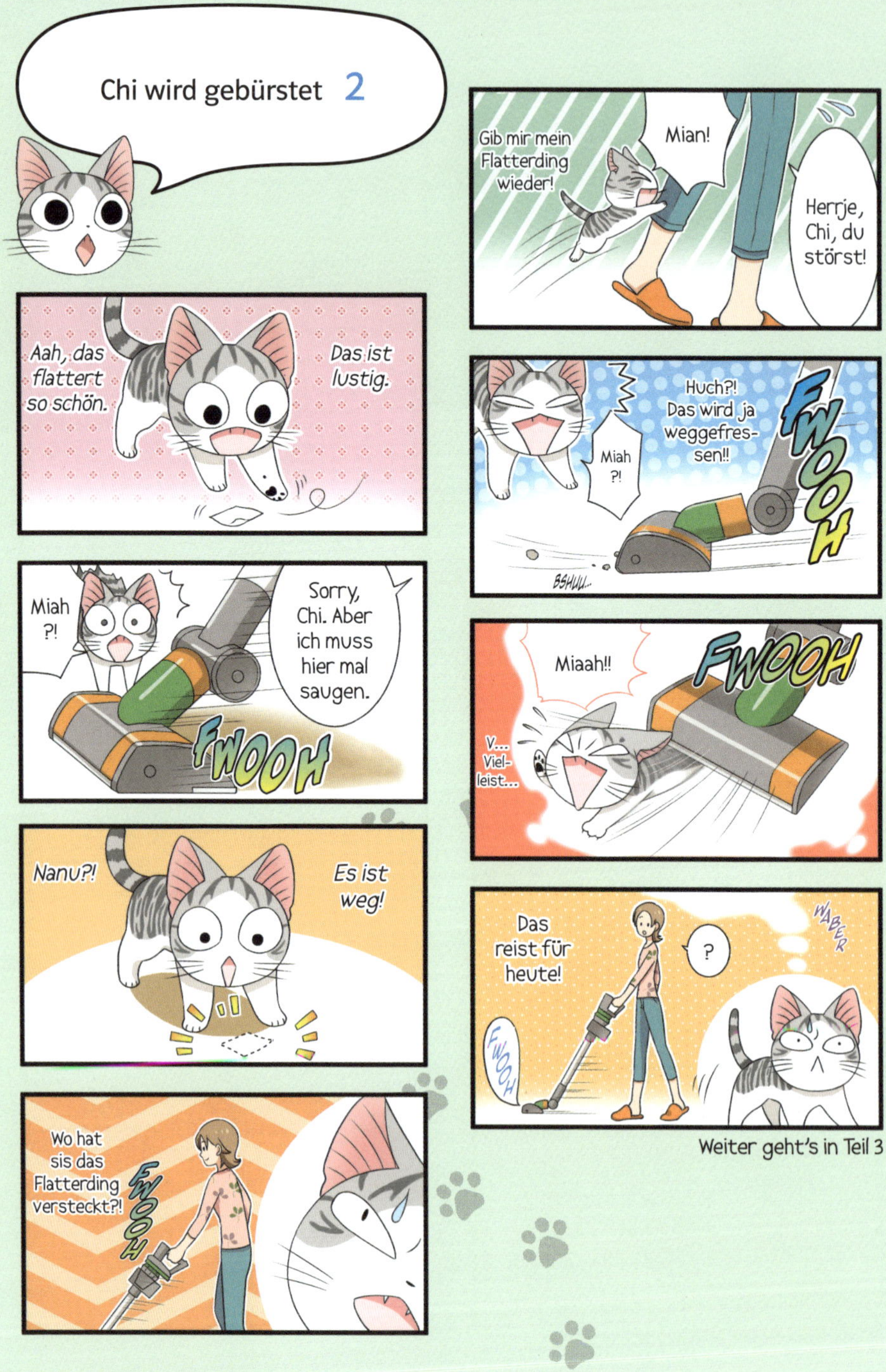
Aah, das flattert so schön.
Das ist lustig.
Miah ?!
Sorry, Chi. Aber ich muss hier mal saugen.
FWOOH
Nanu?!
Es ist weg!
Wo hat sis das Flatterding versteckt?!
FWOOH
Gib mir mein Flatterding wieder!
Mian!
Herrje, Chi, du störst!
Huch?! Das wird ja weggefres-sen!!
Miah ?!
FWOOH
BSHUU...
Miaah!!
FWOOH
V... Viel-leist...
Das reist für heute!
?
WABER
FWOOH

Weiter geht's in Teil 3

Chi wird gebürstet 3

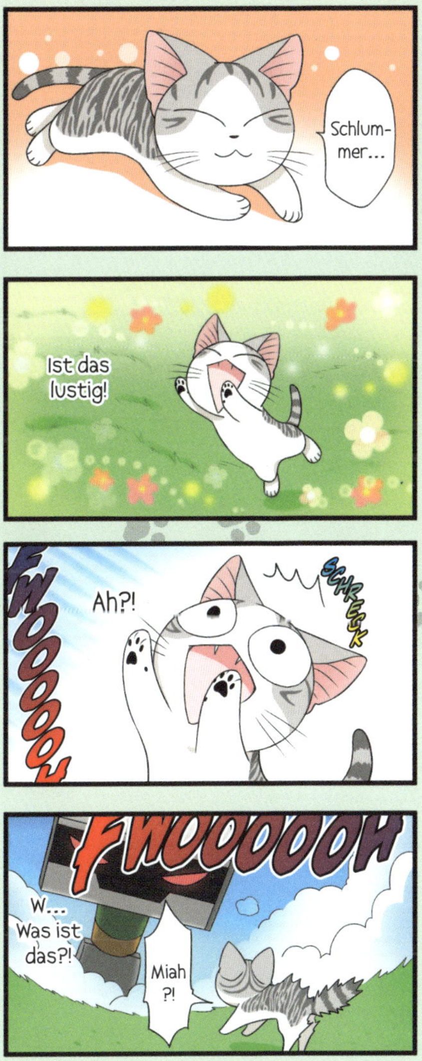

Schlummer...
Ist das lustig!
FWOOOOOOH
Ah?!
SCHRECK
FWOOOOOOH
W... Was ist das?!
Miah ?!

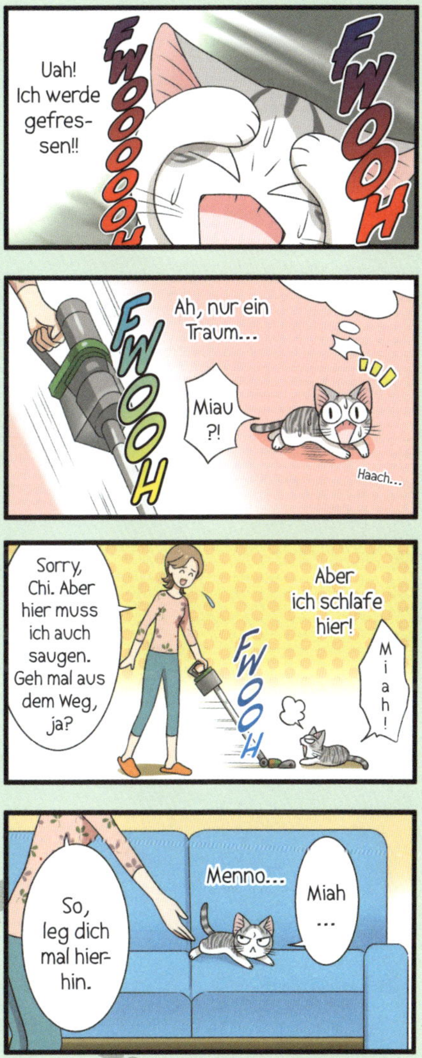

FWOOOOOOOH
FWOOH
Uah! Ich werde gefressen!!
FWOOH
Ah, nur ein Traum...
Miau ?!
Haach...
Sorry, Chi. Aber hier muss ich auch saugen. Geh mal aus dem Weg, ja?
Aber ich schlafe hier!
FWOOH
Miah!
So, leg dich mal hierhin.
Menno...
Miah ...

Weiter geht's in Teil 4

Chi wird gebürstet 4

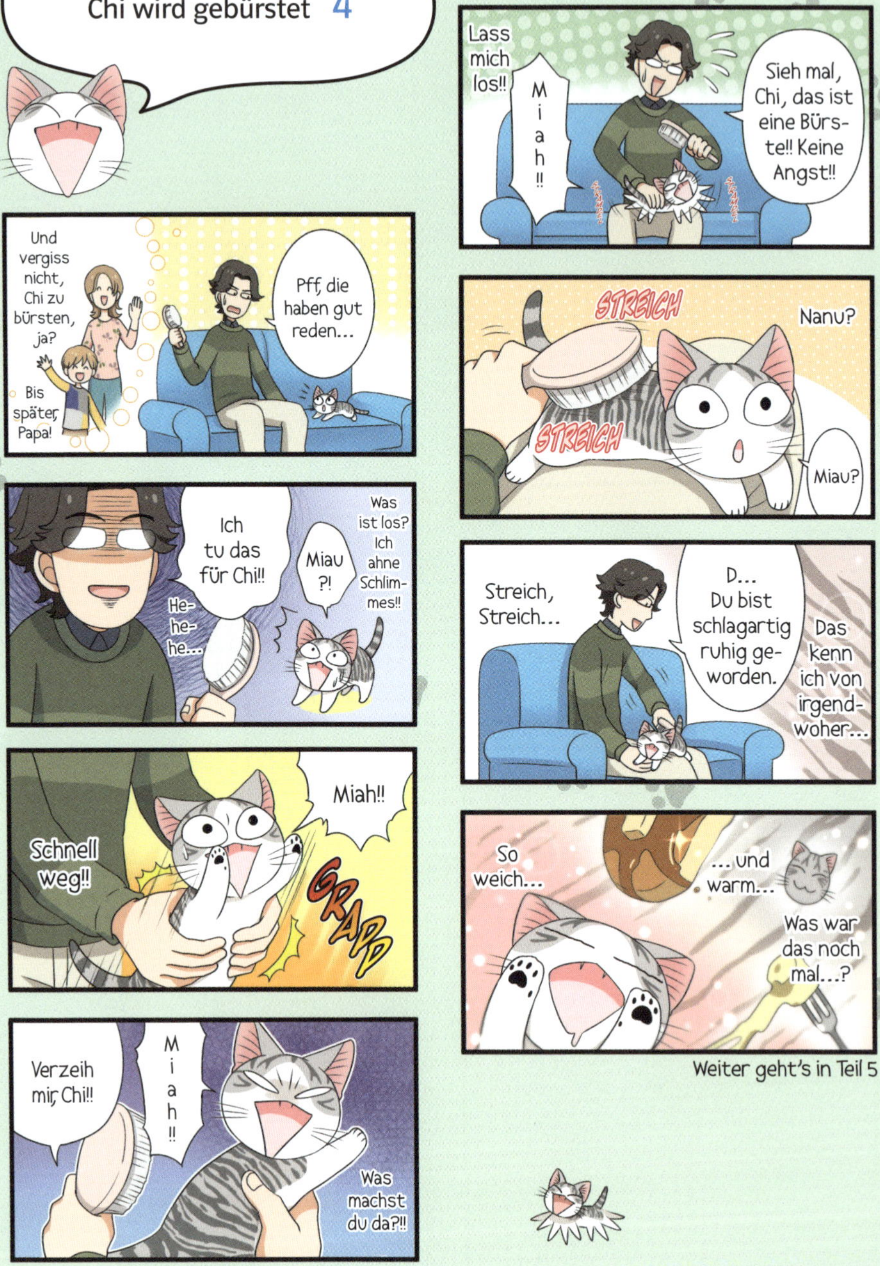

Und vergiss nicht, Chi zu bürsten, ja?
Bis später, Papa!
Pff, die haben gut reden...
Ich tu das für Chi!!
He-he-he...
Miau ?!
Was ist los? Ich ahne Schlimmes!!
Schnell weg!!
Miah!!
GRAPP
Verzeih mir, Chi!!
Miah!!
Was machst du da?!!
Lass mich los!!
Miah!!
Sieh mal, Chi, das ist eine Bürste!! Keine Angst!!
STREICH
STREICH
Nanu?
Miau?
Streich, Streich...
D... Du bist schlagartig ruhig geworden.
Das kenn ich von irgendwoher...
So weich...
... und warm...
Was war das noch mal...?

Weiter geht's in Teil 5

Chi wird gebürstet 5

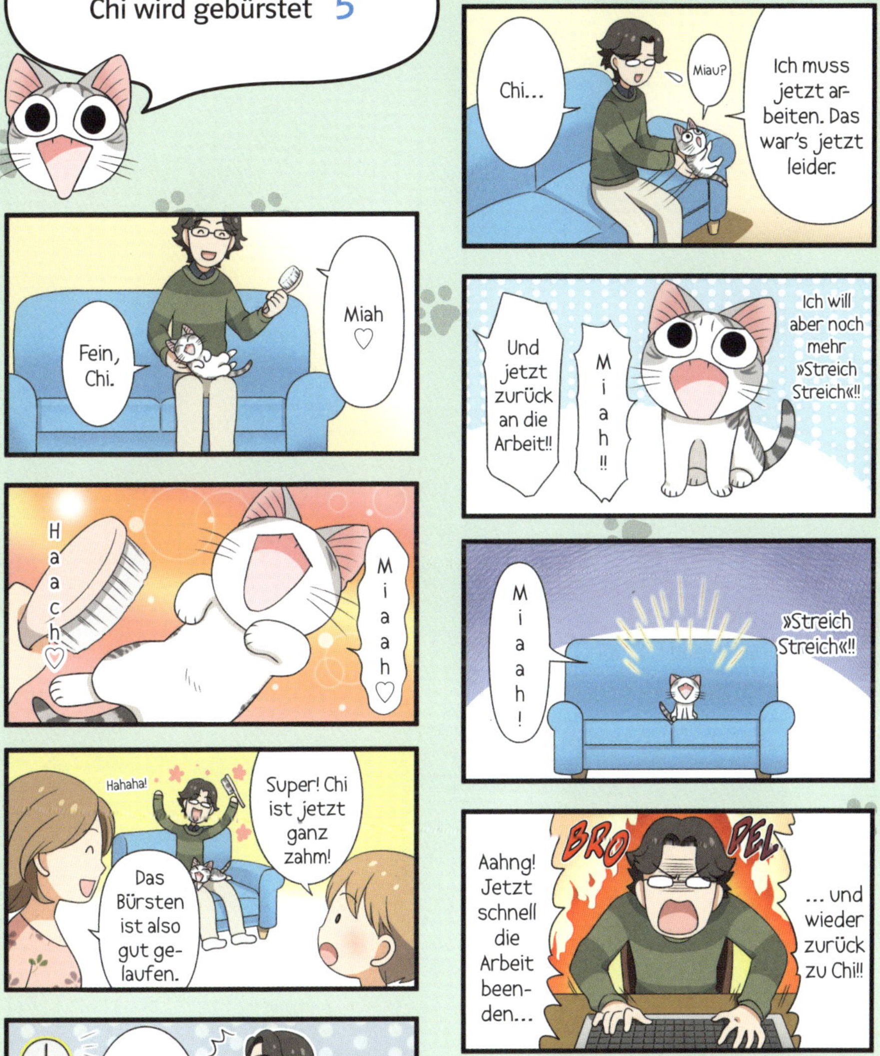
Fein, Chi.
Miah ♡
Haach ♡
Miaah ♡
Hahaha!
Das Bürsten ist also gut gelaufen.
Super! Chi ist jetzt ganz zahm!
Ah, so spät schon?
Chi...
Miau?
Ich muss jetzt arbeiten. Das war's jetzt leider.
Und jetzt zurück an die Arbeit!!
Miah!!
Ich will aber noch mehr »Streich Streich«!!
Miaah!
»Streich Streich«!!
BRODEL
Aahng! Jetzt schnell die Arbeit beenden...
... und wieder zurück zu Chi!!

Weiter geht's in Teil 6

Chi wird gebürstet 6

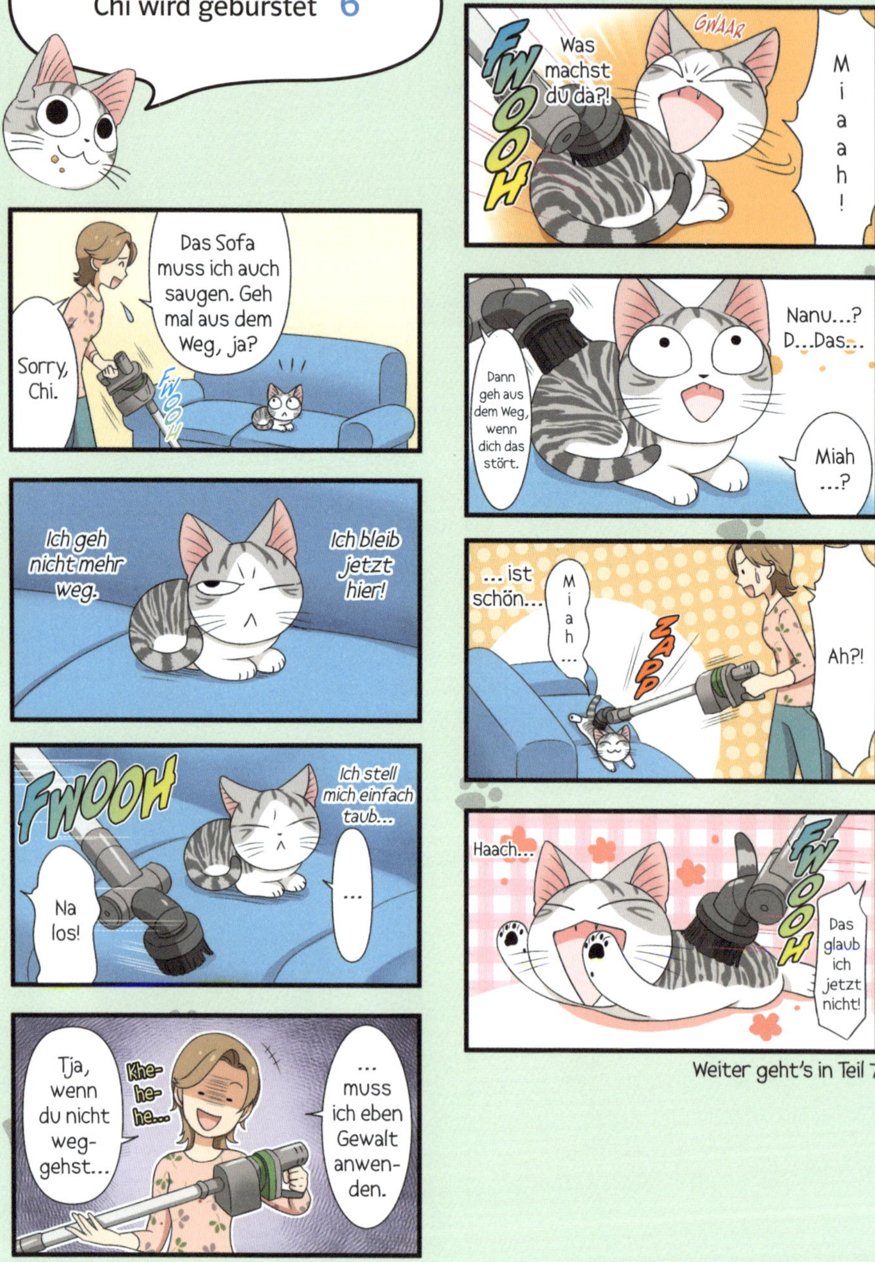

Das Sofa muss ich auch saugen. Geh mal aus dem Weg, ja?
Sorry, Chi.
FWOOH
Ich geh nicht mehr weg.
Ich bleib jetzt hier!
FWOOH
Ich stell mich einfach taub...
Na los!
...
Tja, wenn du nicht weg-gehst...
Khe-he-he...
... muss ich eben Gewalt anwen-den.
FWOOH
Was machst du da?!
GWAAR
Miaah!
Nanu...? D...Das...
Dann geh aus dem Weg, wenn dich das stört.
Miah ...?
... ist schön...
Miah ...
ZAPP
Ah?!
Haach...
FWOOH
Das glaub ich jetzt nicht!

Weiter geht's in Teil 7

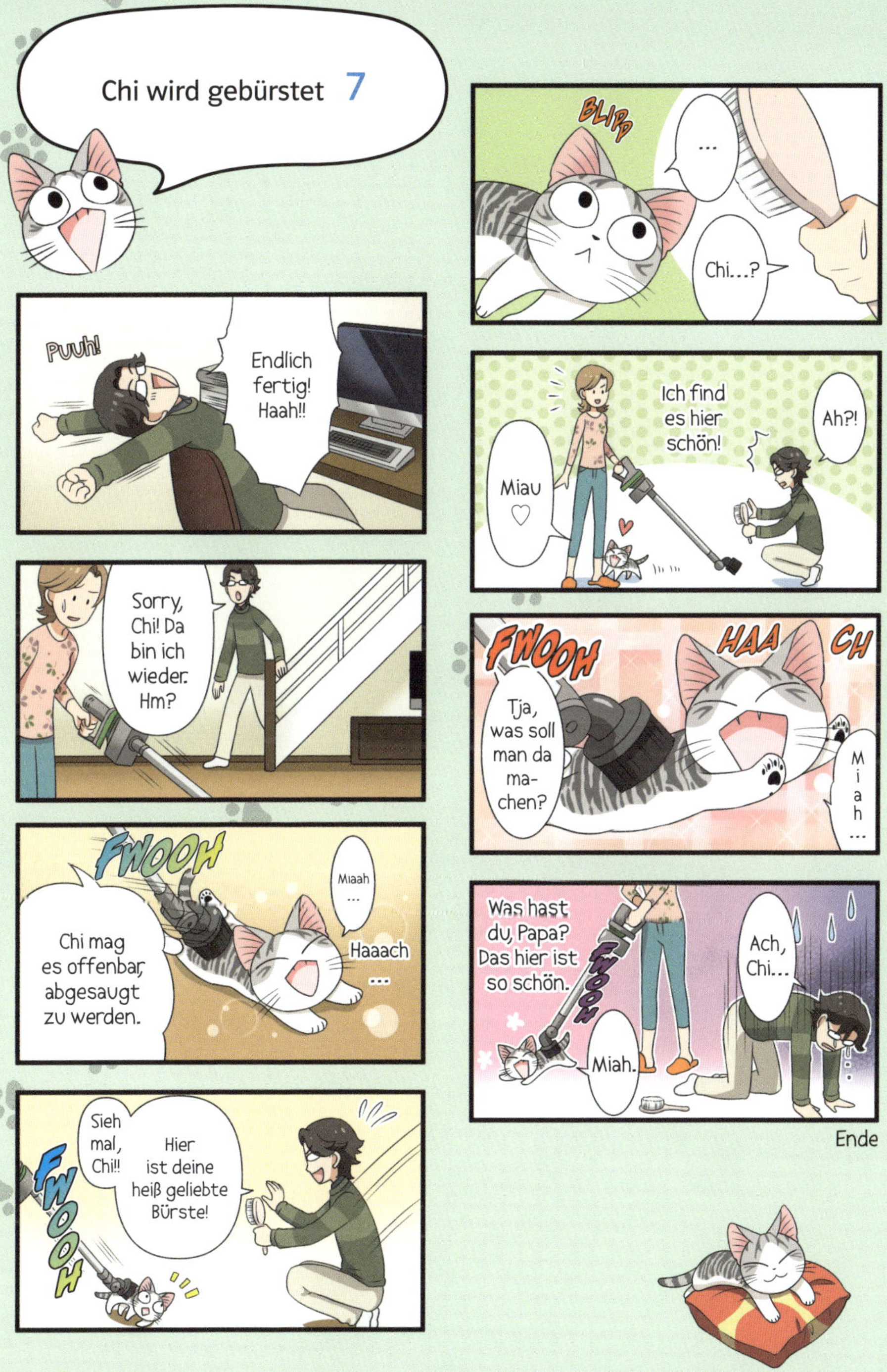
Chi wird gebürstet 7
Puuh!
Endlich fertig! Haah!!
Sorry, Chi! Da bin ich wieder. Hm?
FWOOH
Chi mag es offenbar, abgesaugt zu werden.
Miaah ...
Haaach ...
FWOOH
Sieh mal, Chi!!
Hier ist deine heiß geliebte Bürste!
BLIPP
...
Chi...?
Ich find es hier schön!
Ah?!
Miau ♡
FWOOH
HAACH
Tja, was soll man da ma-chen?
Miah...
Was hast du, Papa? Das hier ist so schön.
FWOOH
Ach, Chi...
Miah.

Ende

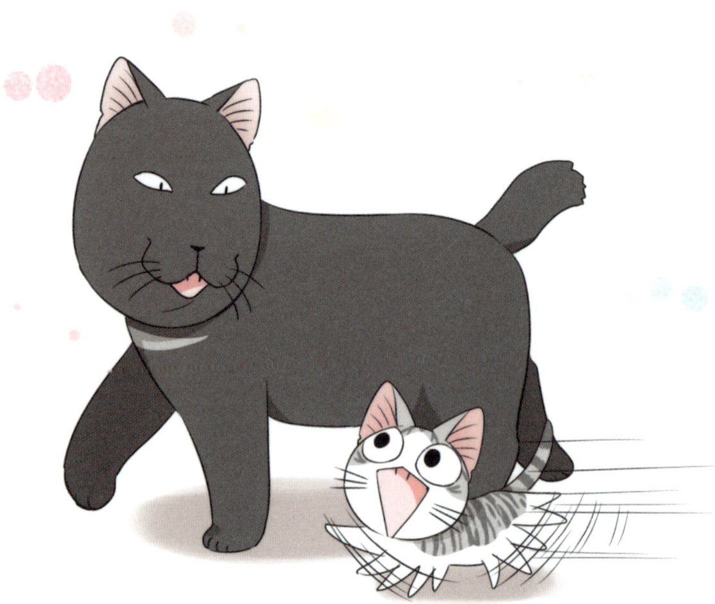

Chi geht zelten 1

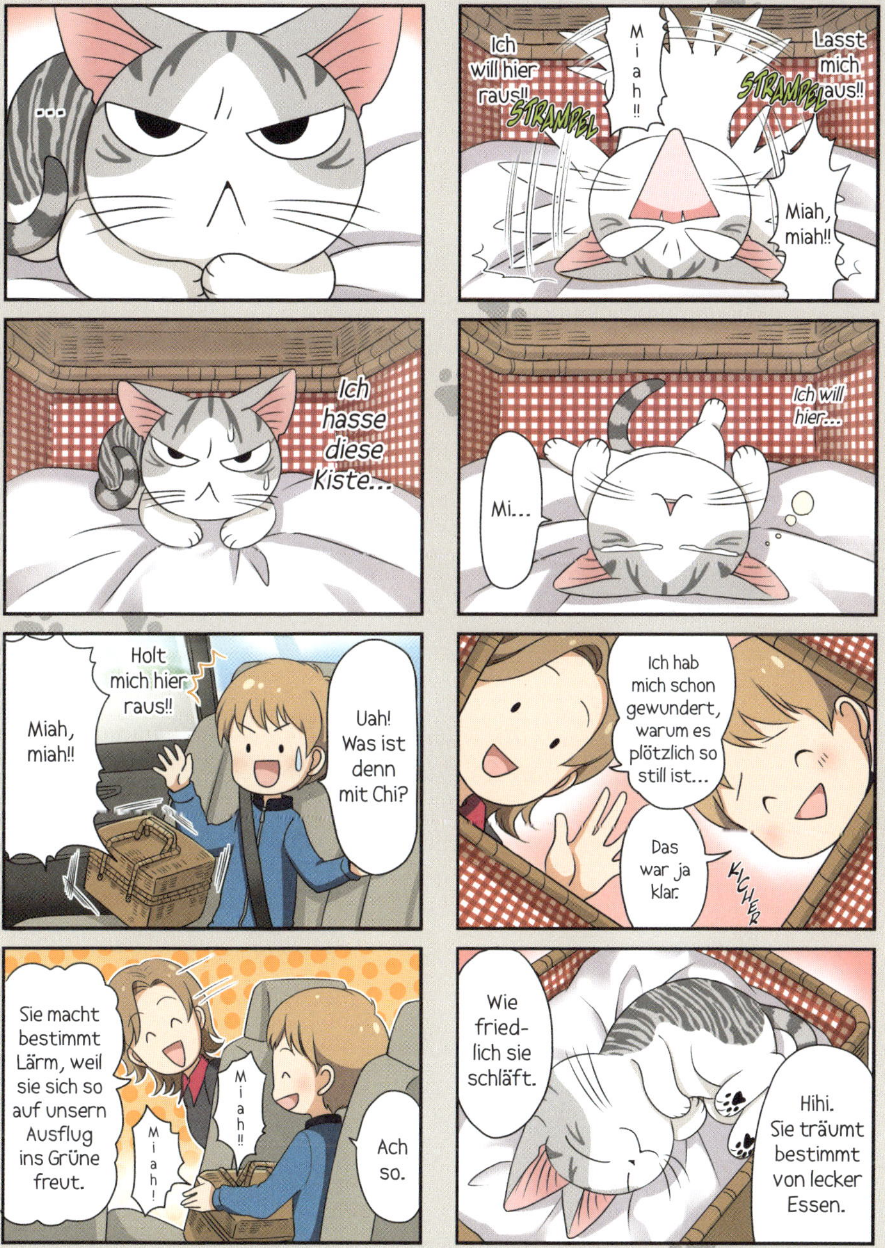

...
Ich hasse diese Kiste...
Miah, miah!!
Holt mich hier raus!!
Uah! Was ist denn mit Chi?
Sie macht bestimmt Lärm, weil sie sich so auf unsern Ausflug ins Grüne freut.
Miah!
Miah!!
Ach so.
Ich will hier raus!!
STRAMPEL
Miah!!
STRAMPEL
Lasst mich raus!!
Miah, miah!!
Ich will hier...
Mi...
Ich hab mich schon gewundert, warum es plötzlich so still ist...
Das war ja klar.
KICHER
Wie fried-lich sie schläft.
Hihi. Sie träumt bestimmt von lecker Essen.

Weiter geht's in Teil 2

Chi geht zelten 2

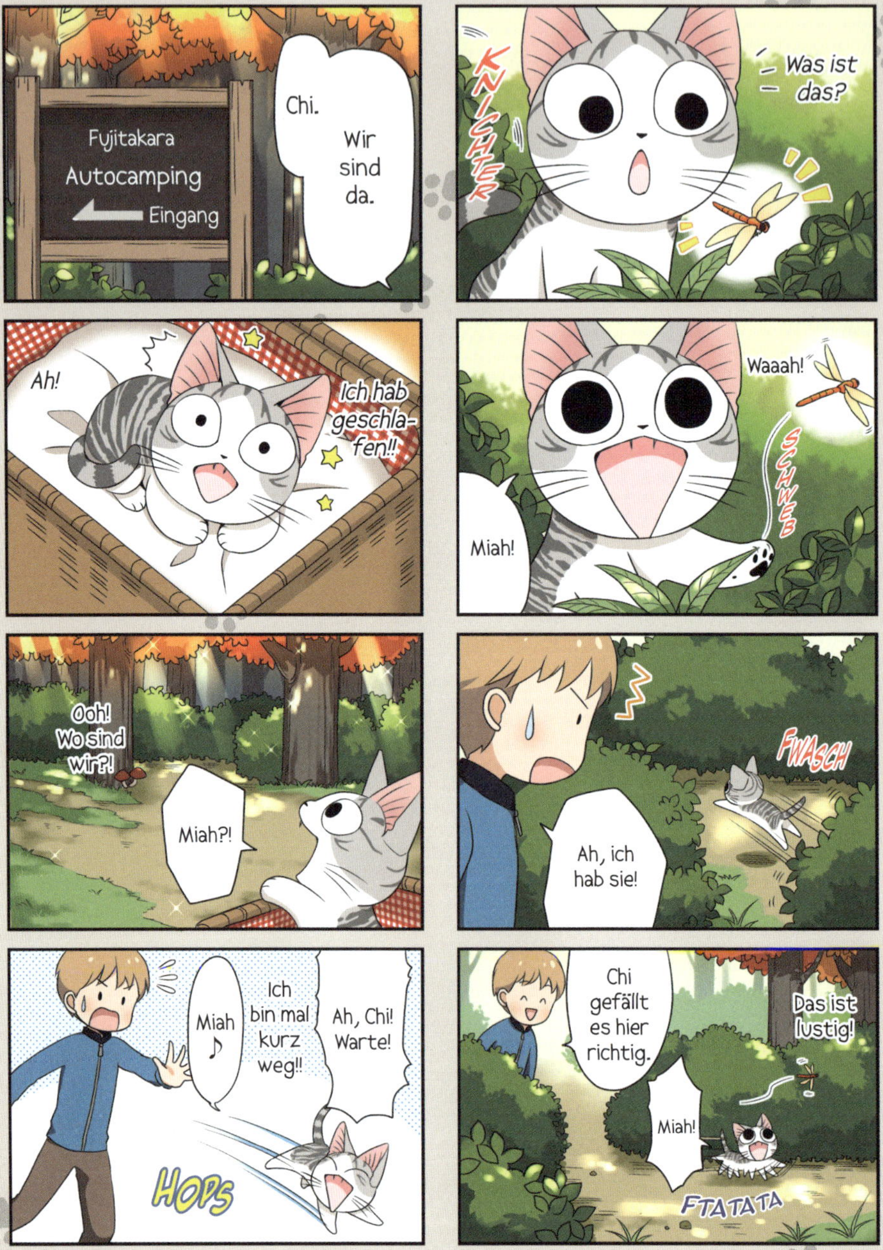

Fujitakara
Autocamping
Eingang
Chi.
Wir sind da.
Ah!
Ich hab geschlafen!!
Ooh! Wo sind wir?!
Miah?!
Ich bin mal kurz weg!!
Miah ♪
Ah, Chi! Warte!
HOPS
KNICHER
Was ist das?
Waaah!
SCHWEB
Miah!
FWASCH
Ah, ich hab sie!
Chi gefällt es hier richtig.
Das ist lustig!
Miah!
FTATATA

Weiter geht's in Teil 3

Chi geht zelten 3

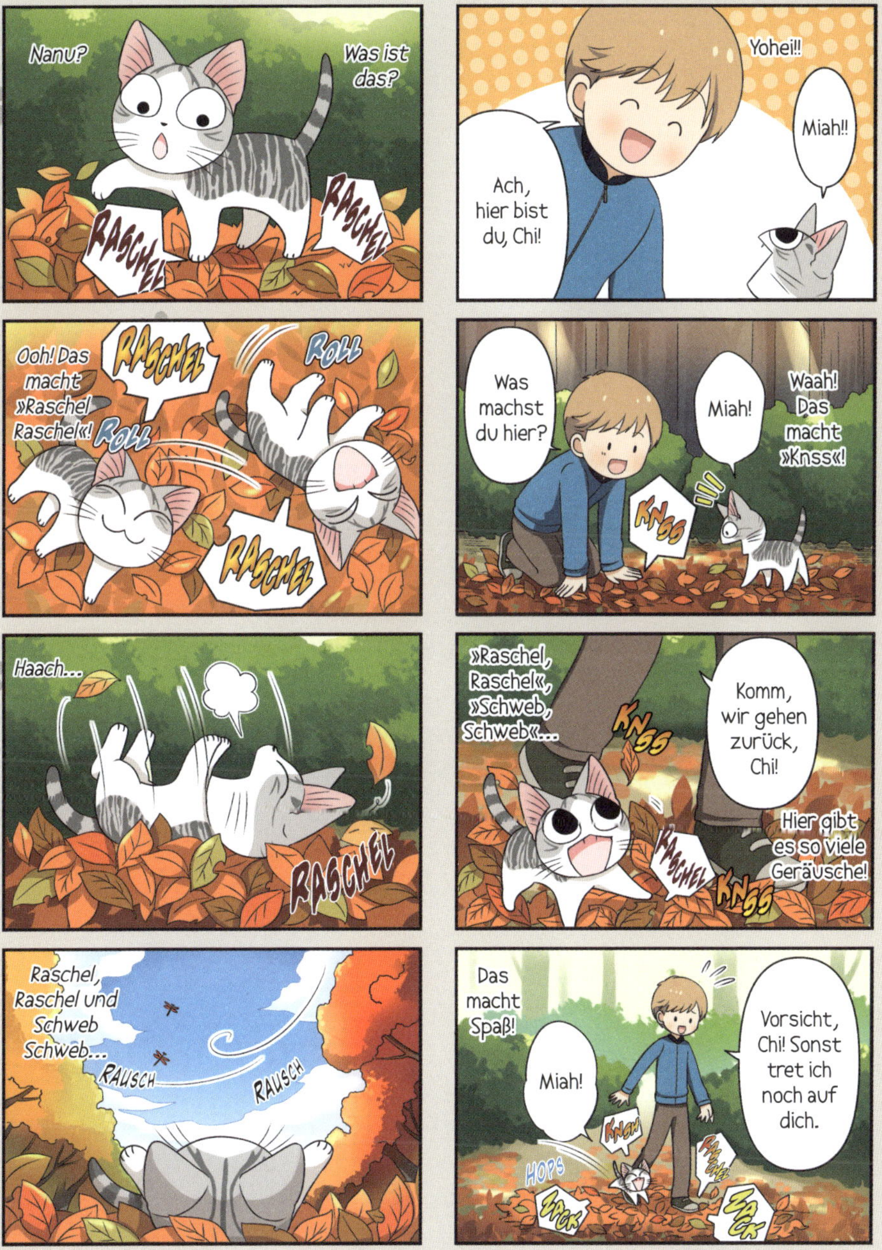

Nanu?
Was ist das?
RASCHEL
RASCHEL
Ooh! Das macht »Raschel Raschel«!
RASCHEL
ROLL
ROLL
RASCHEL
Haach...
RASCHEL
Raschel, Raschel und Schweb Schweb...
RAUSCH
RAUSCH
Yohei!!
Miah!!
Ach, hier bist du, Chi!
Was machst du hier?
Miah!
Waah! Das macht »Knss«!
KNSS
»Raschel, Raschel«, »Schweb, Schweb«...
KNSS
Komm, wir gehen zurück, Chi!
Hier gibt es so viele Geräusche!
RASCHEL
KNSS
Das macht Spaß!
Miah!
Vorsicht, Chi! Sonst tret ich noch auf dich.
HOPS

Weiter geht's in Teil 4

Chi geht zelten 4

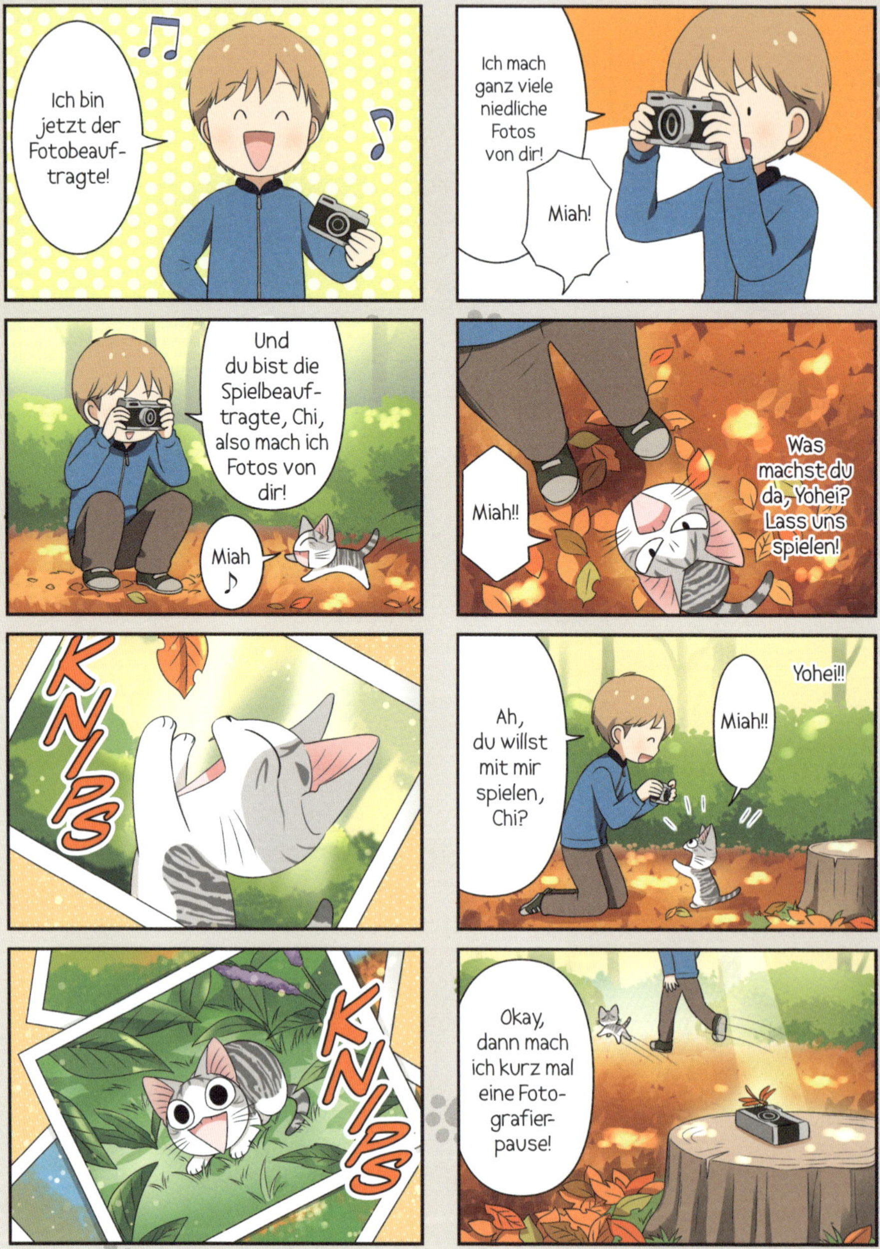
Ich bin jetzt der Fotobeauftragte!
Ich mach ganz viele niedliche Fotos von dir!
Miah!
Und du bist die Spielbeauftragte, Chi, also mach ich Fotos von dir!
Miah ♪
Was machst du da, Yohei? Lass uns spielen!
Miah!!
KNIPS
Ah, du willst mit mir spielen, Chi?
Yohei!!
Miah!!
KNIPS
Okay, dann mach ich kurz mal eine Fotografierpause!

Weiter geht's in Teil 5

Chi geht zelten 5

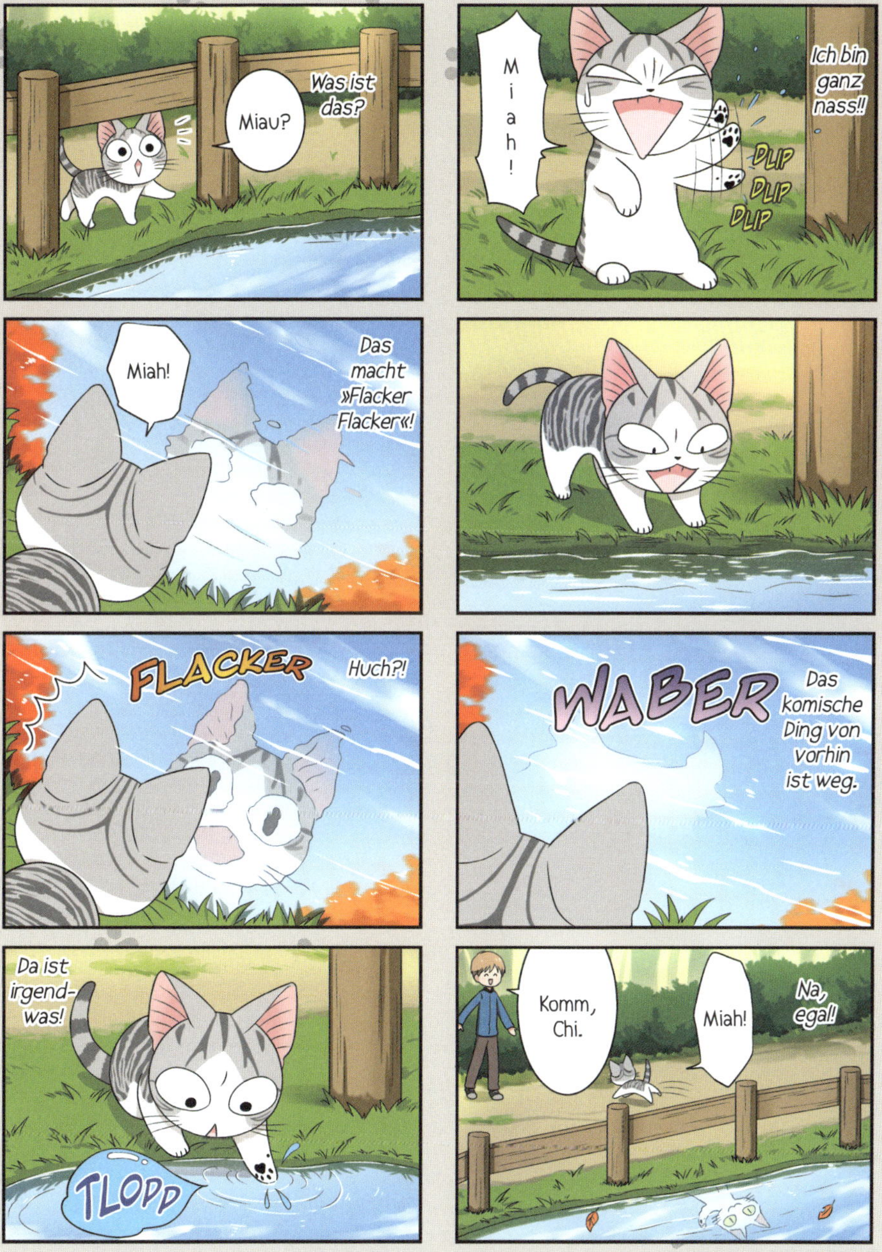
Was ist das?
Miau?
Das macht »Flacker Flacker«!
Miah!
FLACKER
Huch?!
Da ist irgend-was!
TLOPP
M i a h !
Ich bin ganz nass!!
DLIP DLIP DLIP
WABER
Das komische Ding von vorhin ist weg.
Na, egal!
Miah!
Komm, Chi.

Weiter geht's in Teil 6

Chi geht zelten 6

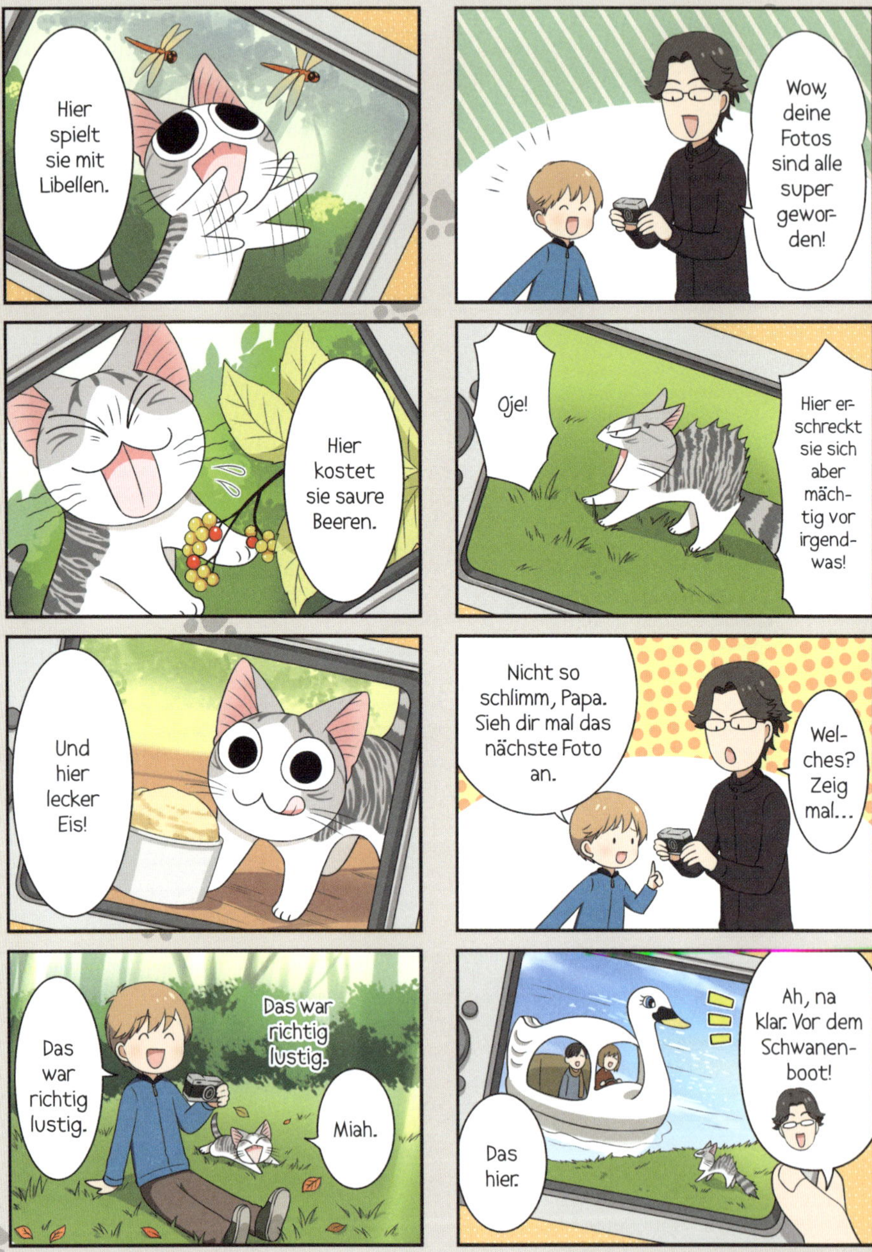
Hier spielt sie mit Libellen.
Hier kostet sie saure Beeren.
Und hier lecker Eis!
Das war richtig lustig.
Das war richtig lustig.
Miah.
Wow, deine Fotos sind alle super geworden!
Hier erschreckt sie sich aber mächtig vor irgendwas!
Oje!
Nicht so schlimm, Papa. Sieh dir mal das nächste Foto an.
Welches? Zeig mal…
Das hier.
Ah, na klar. Vor dem Schwanenboot!

Weiter geht's in Teil 7

Chi geht zelten 7

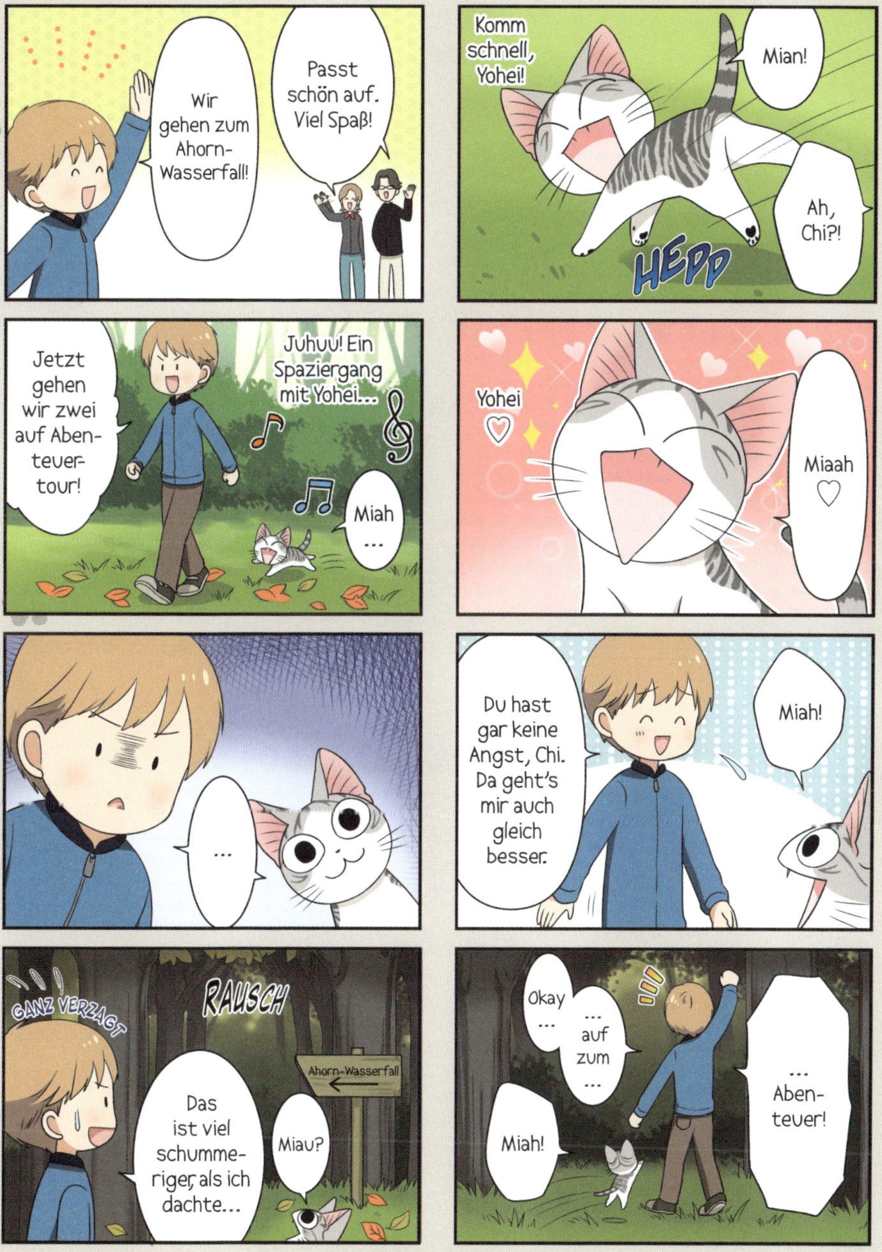
Wir gehen zum Ahorn-Wasserfall!
Passt schön auf. Viel Spaß!
Komm schnell, Yohei!
Mian!
Ah, Chi?!
HEPP
Jetzt gehen wir zwei auf Abenteuertour!
Juhuu! Ein Spaziergang mit Yohei...
Miah ...
Yohei ♡
Miaah ♡
...
Du hast gar keine Angst, Chi. Da geht's mir auch gleich besser.
Miah!
GANZ VERZAGT
RAUSCH
Das ist viel schummeriger, als ich dachte...
Ahorn-Wasserfall
Miau?
Okay ...
... auf zum ...
Miah!
... Abenteuer!

Ende

Chi erlebt Abenteuer 1

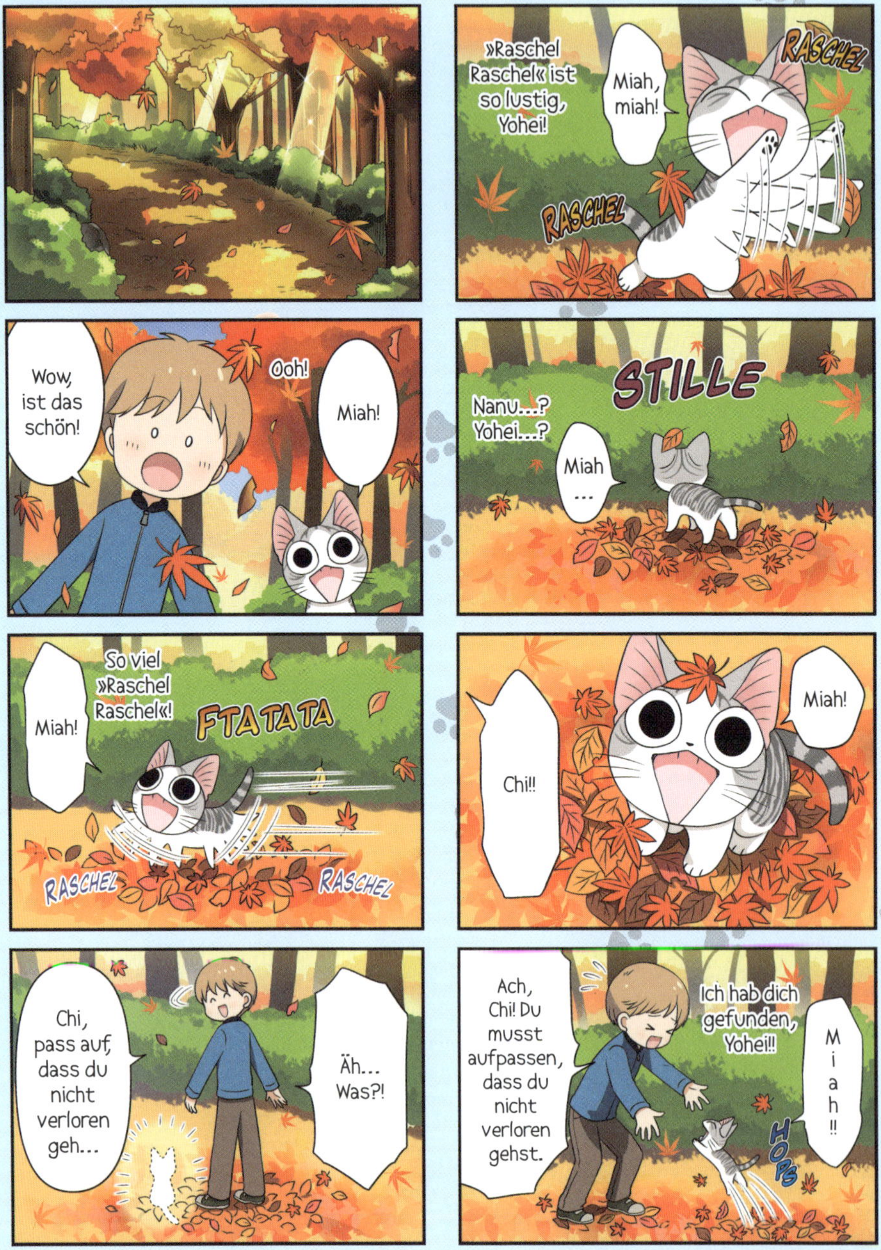
»Raschel Raschel« ist so lustig, Yohei!
Miah, miah!
RASCHEL
RASCHEL
Wow, ist das schön!
Ooh!
Miah!
STILLE
Nanu…? Yohei…?
Miah …
So viel »Raschel Raschel«!
Miah!
FTATATA
RASCHEL
RASCHEL
Chi!!
Miah!
Chi, pass auf, dass du nicht verloren geh…
Äh… Was?!
Ach, Chi! Du musst aufpassen, dass du nicht verloren gehst.
Ich hab dich gefunden, Yohei!!
Miah!!
HOPS

Weiter geht's in Teil 2

Chi erlebt Abenteuer 2

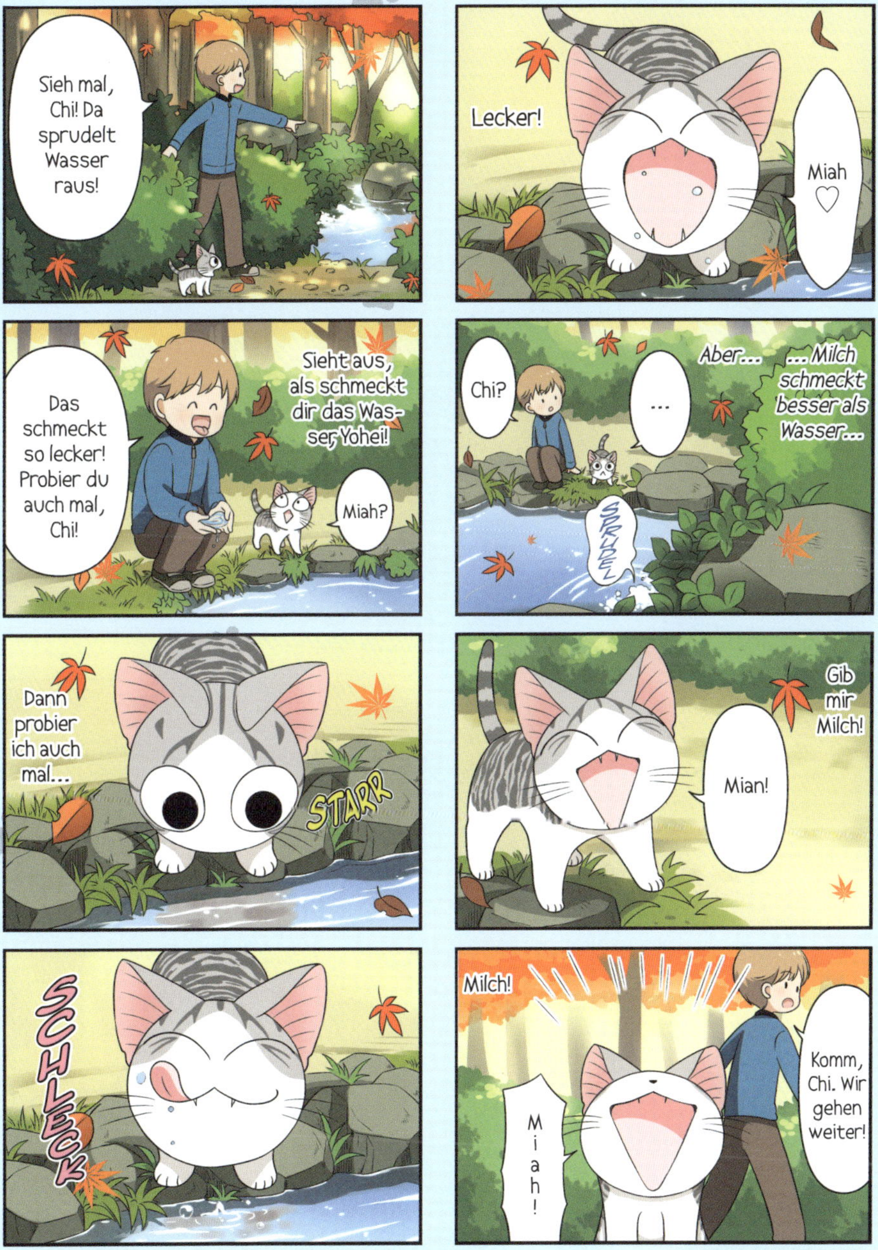
Sieh mal, Chi! Da sprudelt Wasser raus!
Das schmeckt so lecker! Probier du auch mal, Chi!
Sieht aus, als schmeckt dir das Wasser, Yohei!
Miah?
Dann probier ich auch mal...
STARR
SCHLECK
Lecker!
Miah ♡
Chi?
...
Aber...
...Milch schmeckt besser als Wasser...
SPRUDEL
Gib mir Milch!
Mian!
Milch!
Komm, Chi. Wir gehen weiter!
Miah!

Weiter geht's in Teil 3

Chi erlebt Abenteuer 3

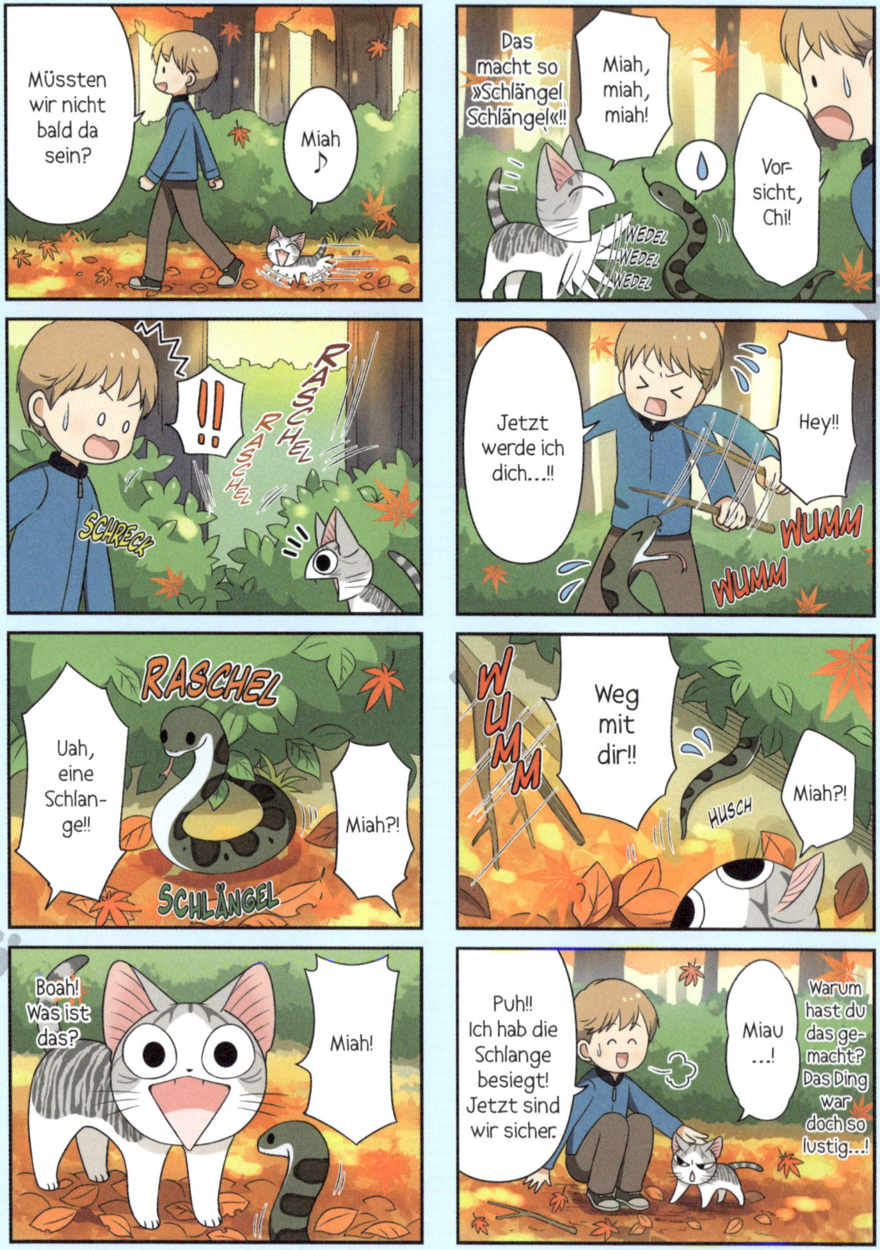
Müssten wir nicht bald da sein?
Miah ♪
!!
RASCHEL RASCHEL
SCHRECK
RASCHEL
Uah, eine Schlange!!
Miah?!
SCHLÄNGEL
Boah! Was ist das?
Miah!
Das macht so »Schlängel Schlängel«!!
Miah, miah, miah!
WEDEL WEDEL WEDEL
Vorsicht, Chi!
Jetzt werde ich dich...!!
Hey!!
WUMM WUMM
WUMM
Weg mit dir!!
HUSCH
Miah?!
Puh!! Ich hab die Schlange besiegt! Jetzt sind wir sicher.
Miau ...!
Warum hast du das gemacht? Das Ding war doch so lustig...!

Weiter geht's in Teil 4

Chi erlebt Abenteuer 4

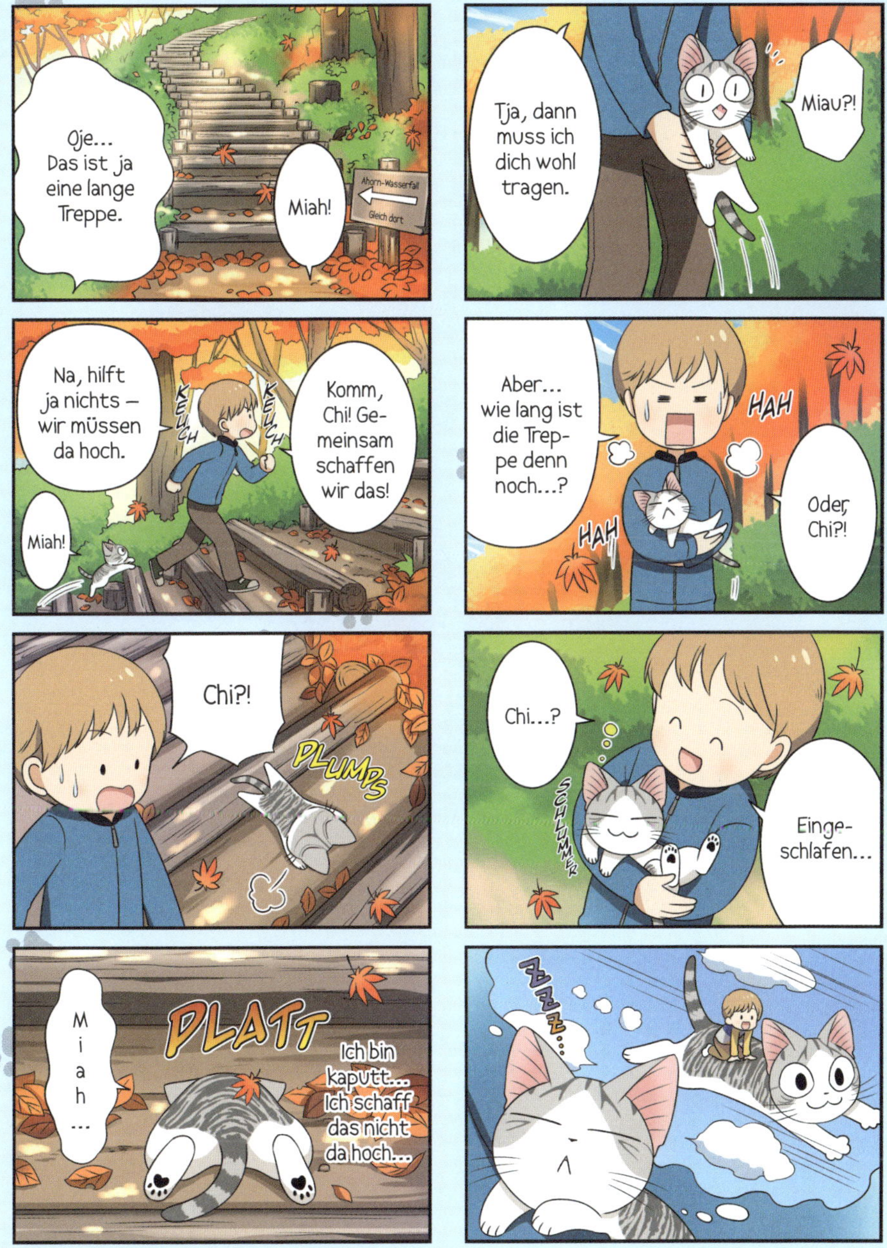

Oje... Das ist ja eine lange Treppe.
Miah!
Ahorn-Wasserfall
Gleich dort
Na, hilft ja nichts – wir müssen da hoch.
KEUCH
KEUCH
Komm, Chi! Gemeinsam schaffen wir das!
Miah!
Chi?!
PLUMPS
Miah...
PLATT
Ich bin kaputt... Ich schaff das nicht da hoch...
Tja, dann muss ich dich wohl tragen.
Miau?!
Aber... wie lang ist die Treppe denn noch...?
HAH
HAH
Oder, Chi?!
Chi...?
SCHLUMMER
Einge-schlafen...
ZZZ...

Weiter geht's in Teil 5

Chi erlebt Abenteuer 5

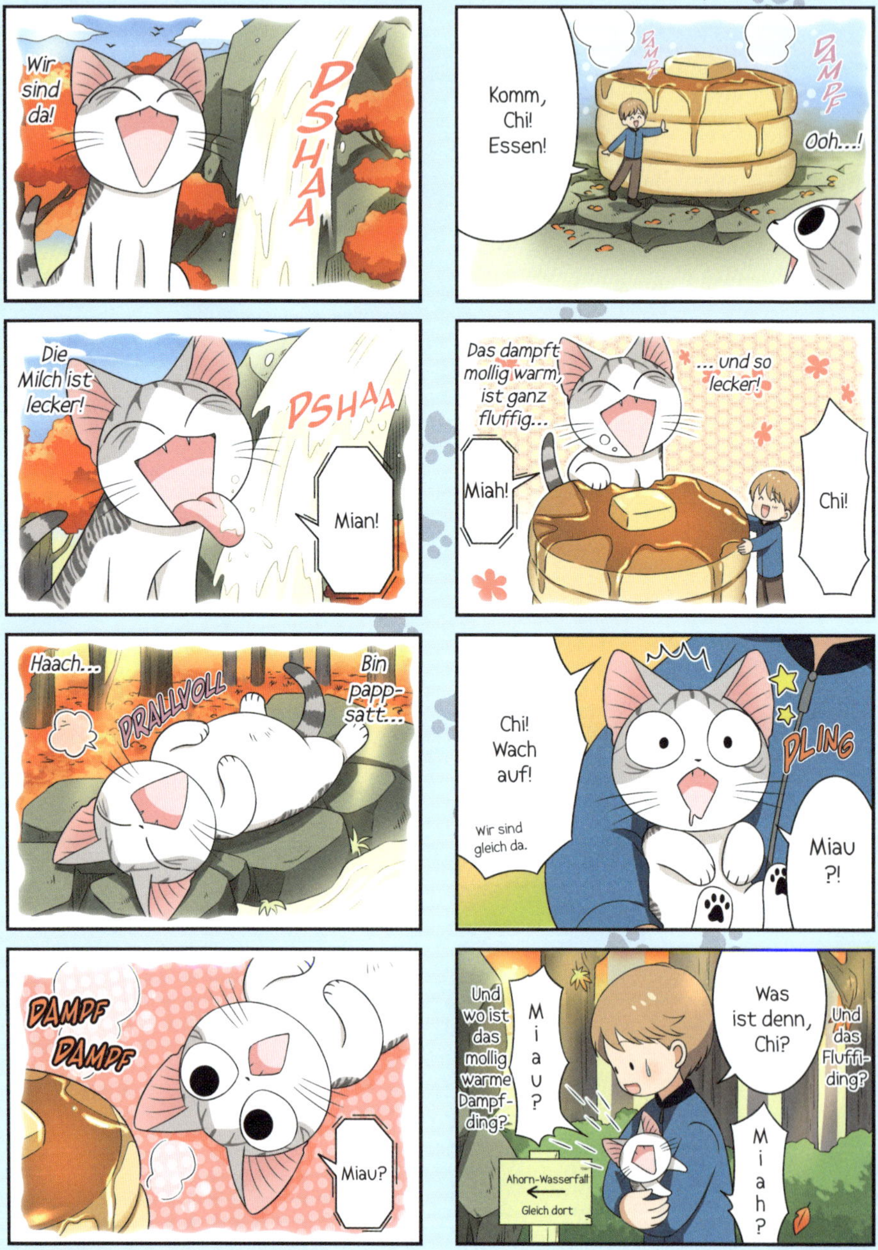
Wir sind da!
PSHAA
Die Milch ist lecker!
PSHAA
Mian!
Haach...
PRALLVOLL
Bin papp-satt...
DAMPF
DAMPF
Miau?
Komm, Chi! Essen!
DAMPF
DAMPF
Ooh...!
Das dampft mollig warm, ist ganz fluffig...
Miah!
... und so lecker!
Chi!
Chi! Wach auf!
Wir sind gleich da.
DLING
Miau?!
Und wo ist das mollig warme Dampf-ding?
Miau?
Was ist denn, Chi?
Und das Fluffi-ding?
Miah?
Ahorn-Wasserfall
Gleich dort

Weiter geht's in Teil 6

Chi erlebt Abenteuer 6

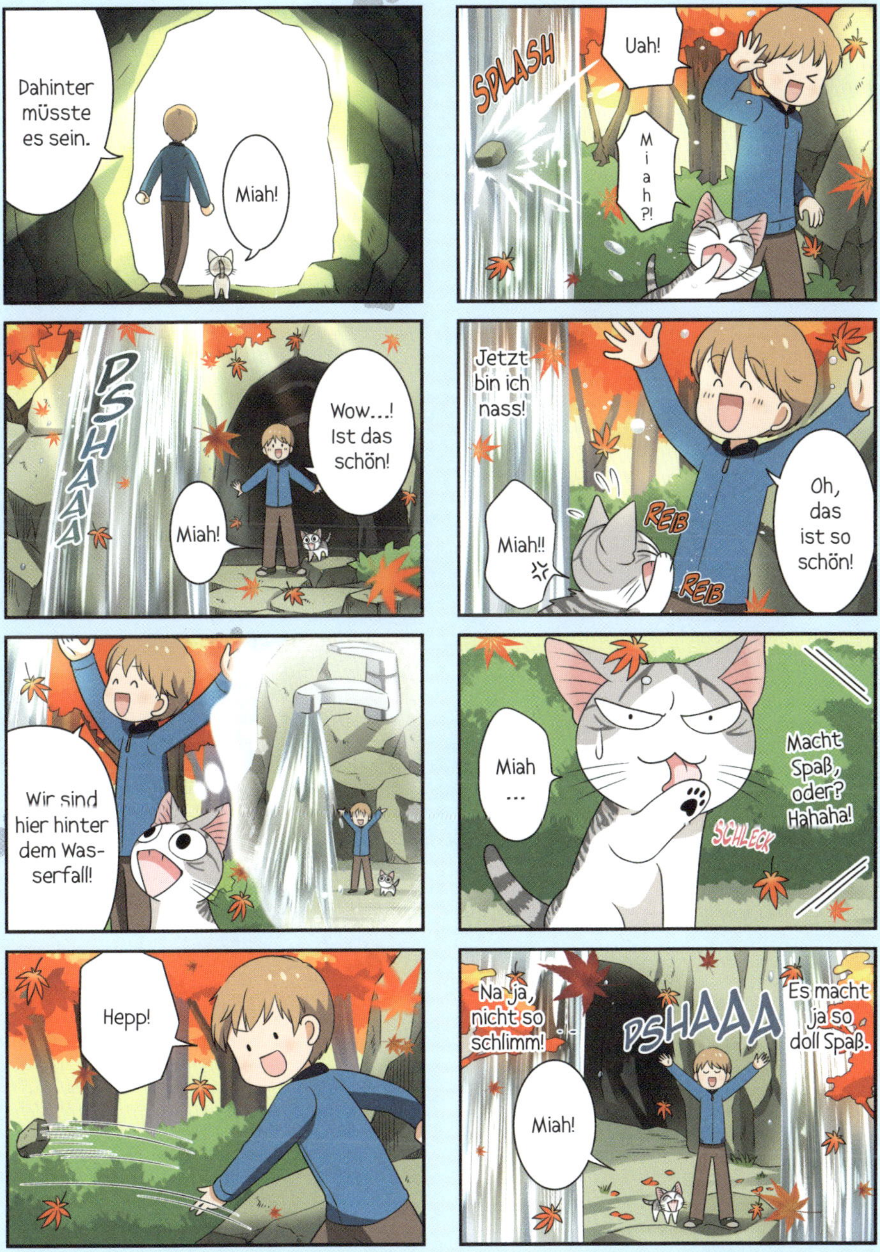

Dahinter müsste es sein.
Miah!
PSHAAA
Wow…! Ist das schön!
Miah!
Wir sind hier hinter dem Wasserfall!
Hepp!
SPLASH
Uah!
Miah?!
Jetzt bin ich nass!
Miah!!
REIB
REIB
Oh, das ist so schön!
Miah …
Macht Spaß, oder? Hahaha!
SCHLECK
Na ja, nicht so schlimm!
PSHAAA
Es macht ja so doll Spaß.
Miah!

Weiter geht's in Teil 7

Chi erlebt Abenteuer 7

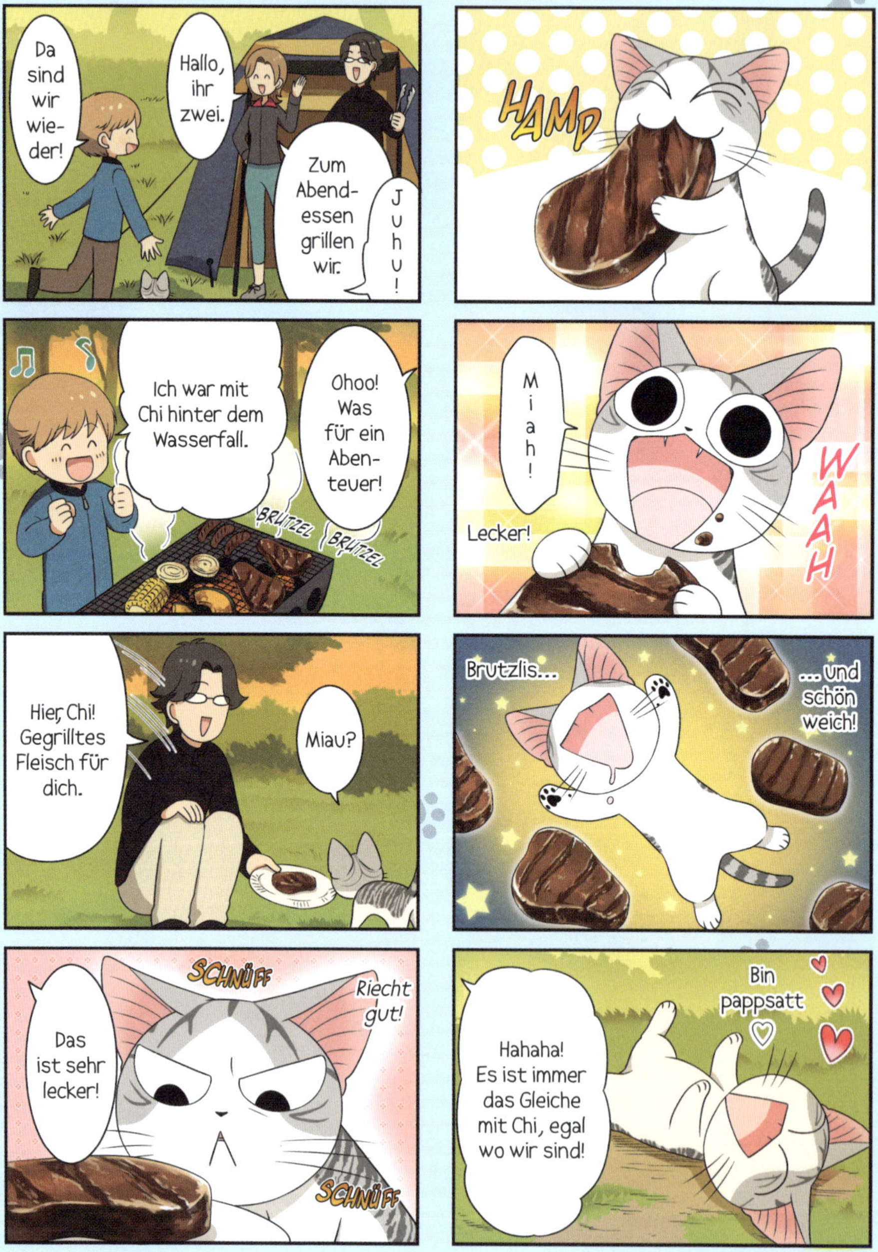
Da sind wir wieder!
Hallo, ihr zwei.
Zum Abendessen grillen wir.
Juhu!
Ich war mit Chi hinter dem Wasserfall.
Ohoo! Was für ein Abenteuer!
BRUTZEL
BRUTZEL
Hier, Chi! Gegrilltes Fleisch für dich.
Miau?
Das ist sehr lecker!
SCHNÜFF
Riecht gut!
SCHNÜFF
HAMP
Miah!
Lecker!
WAAAH
Brutzlis...
... und schön weich!
Hahaha! Es ist immer das Gleiche mit Chi, egal wo wir sind!
Bin pappsatt ♡

Ende

Chi läuft um die Wette 1

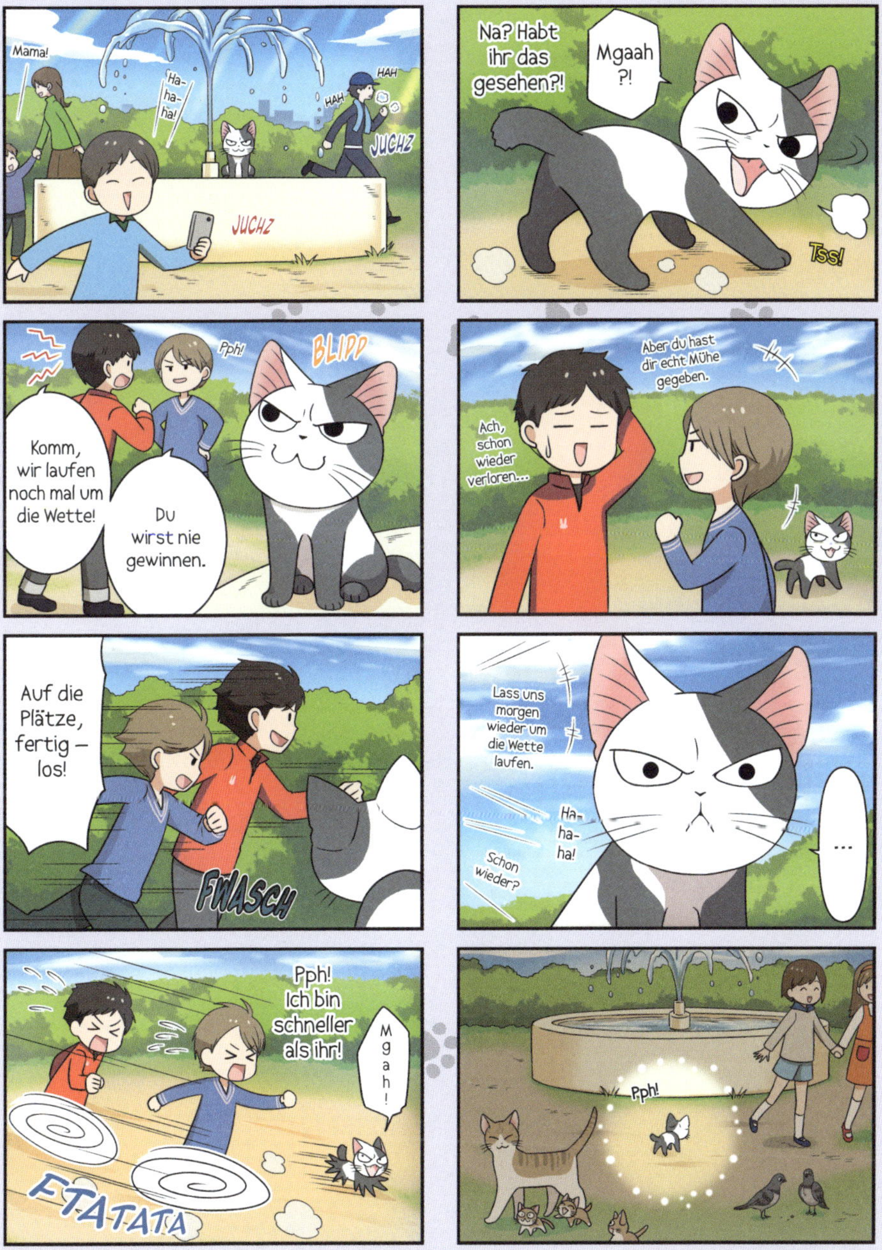

Mama!
Ha-ha-ha!
HAH
HAH
JUCHZ
JUCHZ
Na? Habt ihr das gesehen?!
Mgaah ?!
Tss!
Pph!
BLIPP
Komm, wir laufen noch mal um die Wette!
Du wirst nie gewinnen.
Aber du hast dir echt Mühe gegeben.
Ach, schon wieder verloren…
Auf die Plätze, fertig – los!
FWASCH
Lass uns morgen wieder um die Wette laufen.
Ha-ha-ha!
Schon wieder?
…
Pph! Ich bin schneller als ihr!
Mgah!
FTATATA
Pph!

Weiter geht's in Teil 2

Chi läuft um die Wette 2

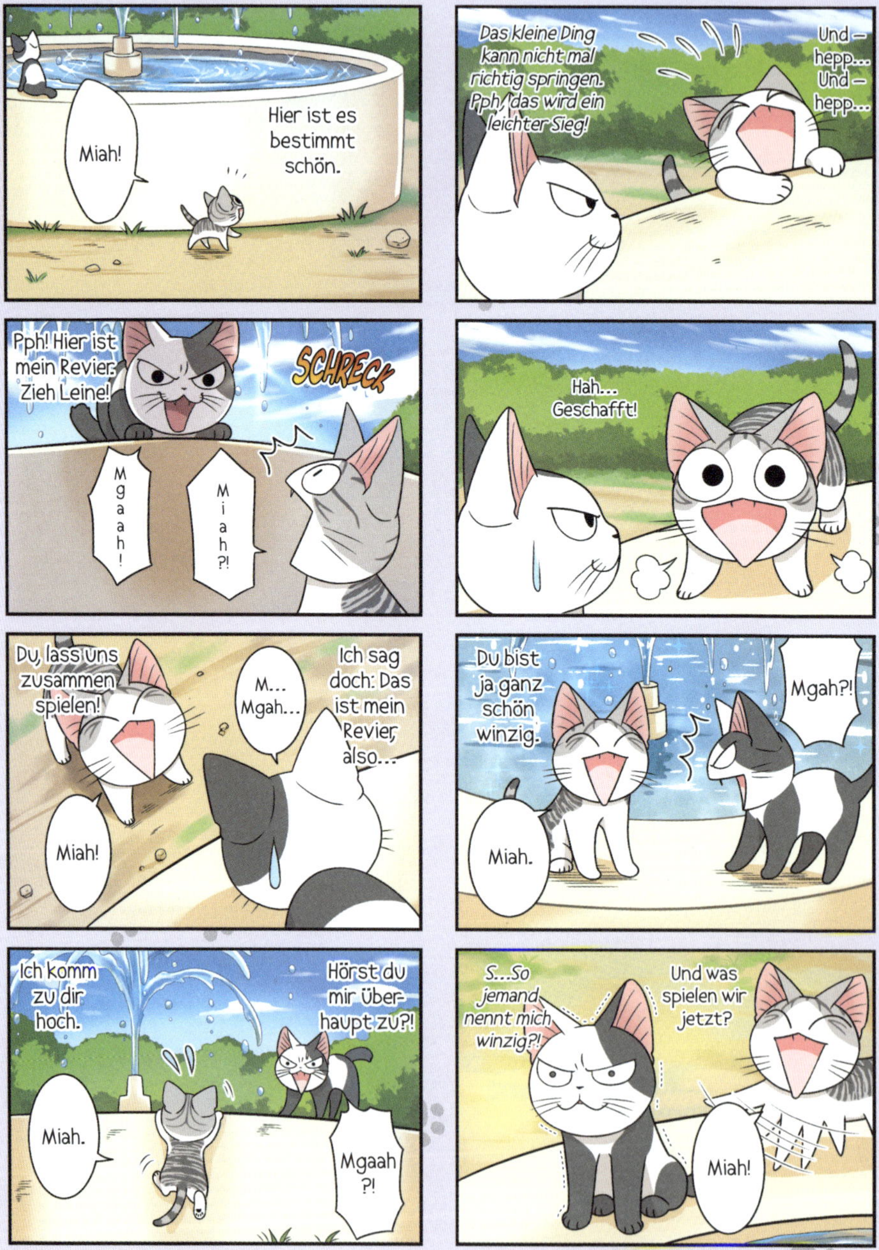
Miah!
Hier ist es bestimmt schön.
Pph! Hier ist mein Revier. Zieh Leine!
SCHRECK
Mgaah!
Miah?!
Du, lass uns zusammen spielen!
M… Mgah…
Ich sag doch: Das ist mein Revier, also…
Miah!
Ich komm zu dir hoch.
Hörst du mir überhaupt zu?!
Miah.
Mgaah?!
Das kleine Ding kann nicht mal richtig springen. Pph, das wird ein leichter Sieg!
Und – hepp… Und – hepp…
Hah… Geschafft!
Du bist ja ganz schön winzig.
Mgah?!
Miah.
S…So jemand nennt mich winzig?!
Und was spielen wir jetzt?
Miah!

Weiter geht's in Teil 3

Chi läuft um die Wette 3

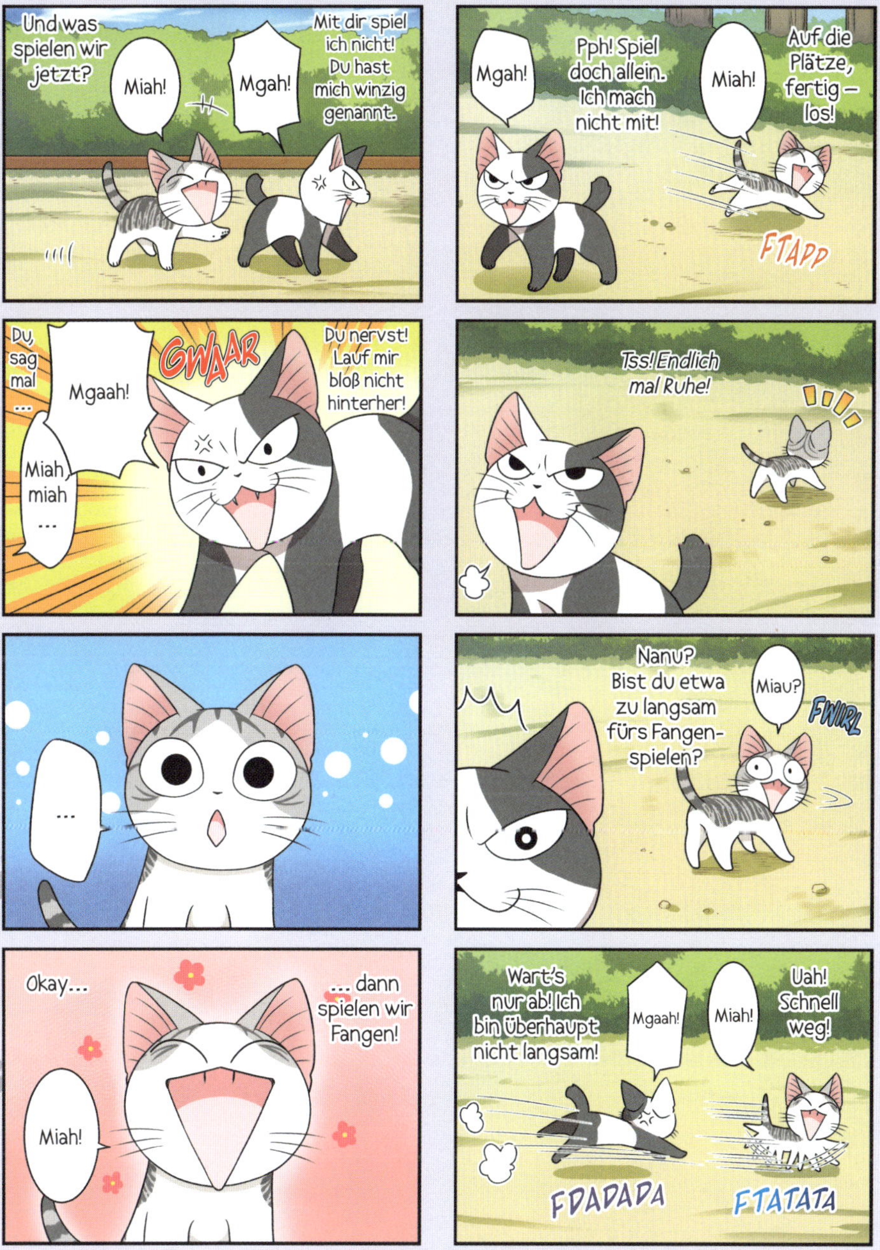

Und was spielen wir jetzt?
Miah!
Mgah!
Mit dir spiel ich nicht! Du hast mich winzig genannt.
Du, sag mal …
Mgaah!
Miah, miah …
GWAAR
Du nervst! Lauf mir bloß nicht hinterher!
…
Okay…
Miah!
… dann spielen wir Fangen!
Mgah!
Pph! Spiel doch allein. Ich mach nicht mit!
Miah!
Auf die Plätze, fertig – los!
FTAPP
Tss! Endlich mal Ruhe!
Nanu? Bist du etwa zu langsam fürs Fangen-spielen?
Miau?
FWIRL
Wart's nur ab! Ich bin überhaupt nicht langsam!
Mgaah!
Miah!
Uah! Schnell weg!
FDADADA
FTATATA

Weiter geht's in Teil 4

Chi läuft um die Wette 4

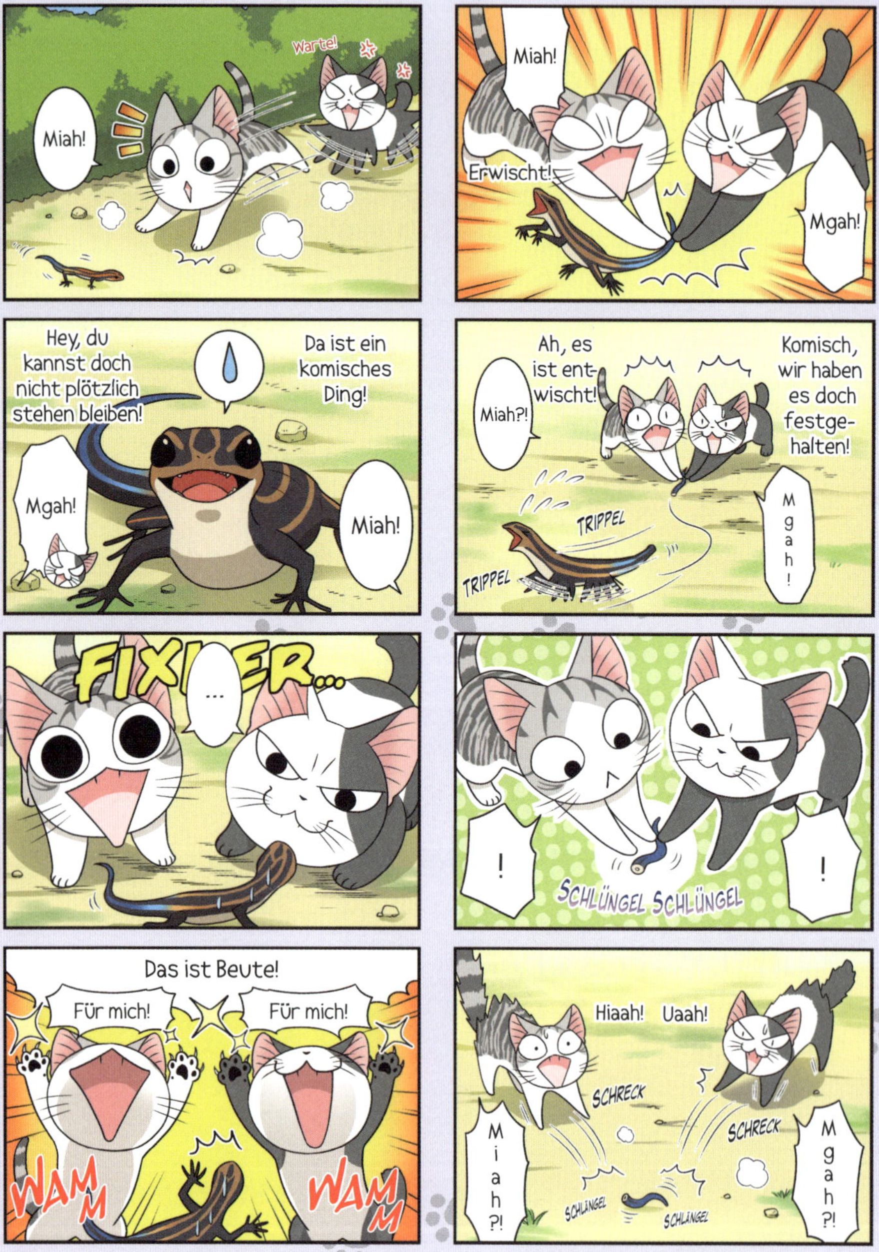
Warte!
Miah!
Hey, du kannst doch nicht plötzlich stehen bleiben!
Da ist ein komisches Ding!
Mgah!
Miah!
FIXIER...
...
Das ist Beute!
Für mich!
Für mich!
WAMM
WAMM
Miah!
Erwischt!
Mgah!
Ah, es ist entwischt!
Miah?!
Komisch, wir haben es doch festgehalten!
Mgah!
TRIPPEL
TRIPPEL
!
!
SCHLÄNGEL SCHLÄNGEL
Hiaah!
Uaah!
SCHRECK
SCHRECK
Miah?!
Mgah?!
SCHLÄNGEL
SCHLÄNGEL

Weiter geht's in Teil 5

Chi läuft um die Wette 5

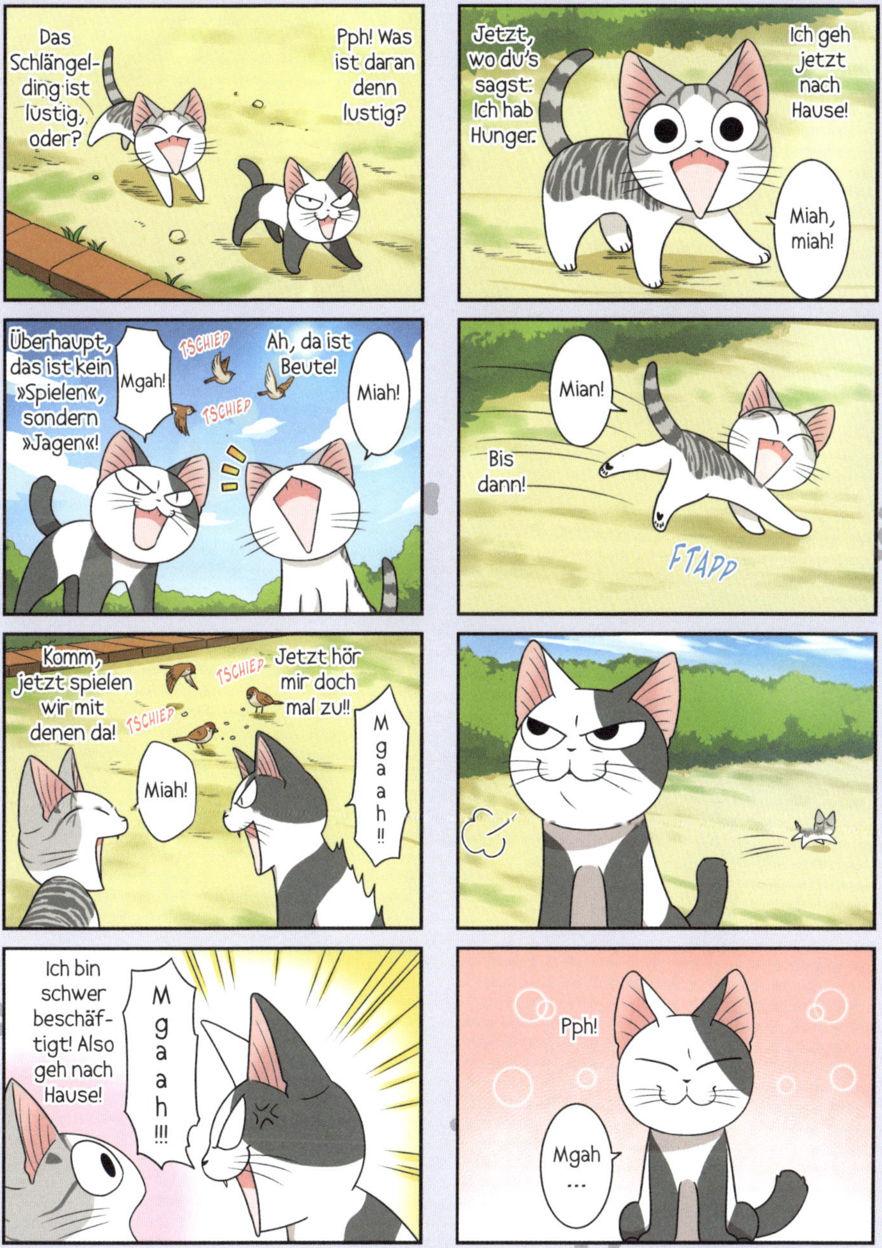
Das Schlängelding ist lustig, oder?
Pph! Was ist daran denn lustig?
Überhaupt, das ist kein »Spielen«, sondern »Jagen«!
Mgah!
TSCHIEP
TSCHIEP
Ah, da ist Beute!
Miah!
Komm, jetzt spielen wir mit denen da!
TSCHIEP
TSCHIEP
Jetzt hör mir doch mal zu!!
Miah!
Mgaah!!
Ich bin schwer beschäftigt! Also geh nach Hause!
Mgaah!!!
Jetzt, wo du's sagst: Ich hab Hunger.
Ich geh jetzt nach Hause!
Miah, miah!
Mian!
Bis dann!
FTAPP
Pph!
Mgah ...

Weiter geht's in Teil 6

Chi läuft um die Wette 6

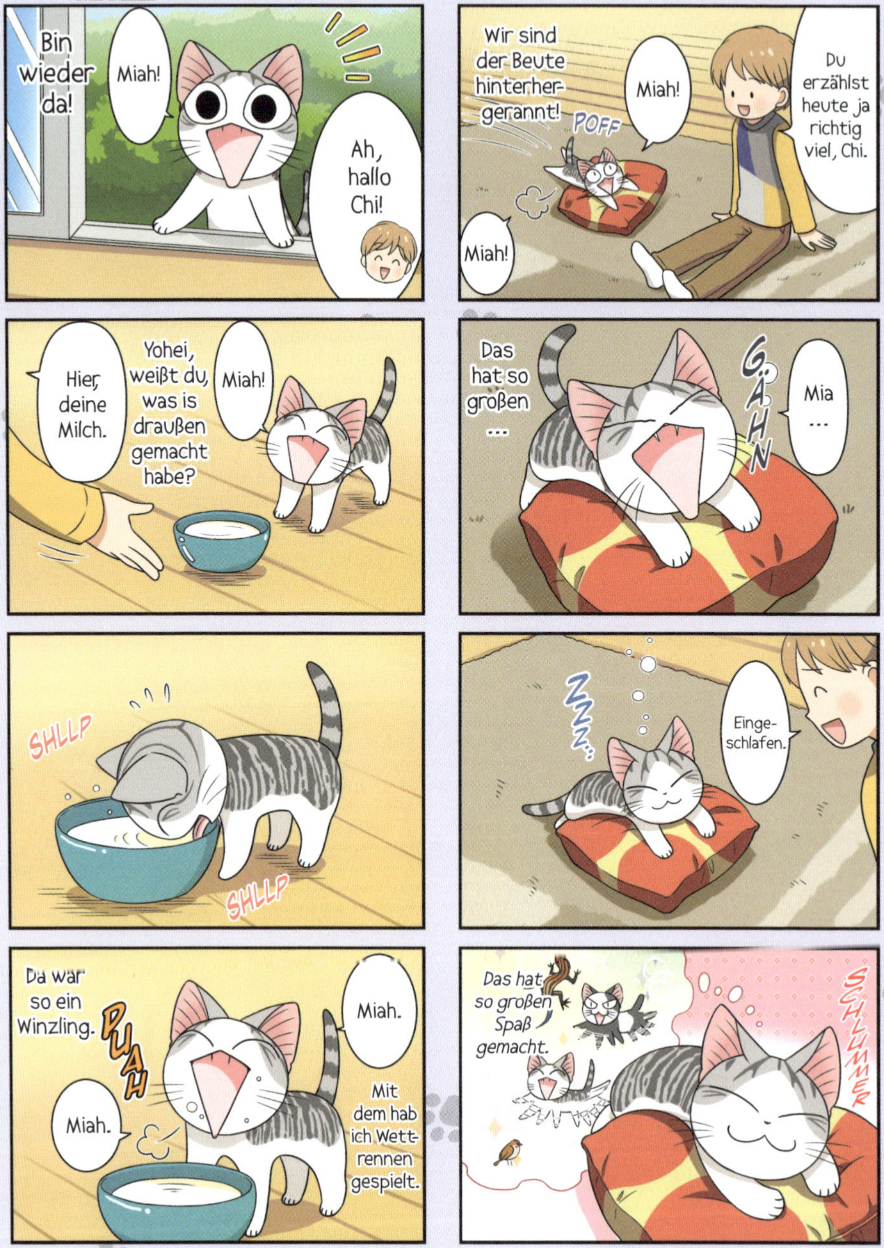

Bin wieder da!
Miah!
Ah, hallo Chi!
Hier, deine Milch.
Yohei, weißt du, was is draußen gemacht habe?
Miah!
SHLLP
SHLLP
Da war so ein Winzling.
PUAH
Miah.
Miah.
Mit dem hab ich Wettrennen gespielt.
Wir sind der Beute hinterhergerannt!
POFF
Miah!
Miah!
Du erzählst heute ja richtig viel, Chi.
Das hat so großen ...
GÄHN
Mia ...
Eingeschlafen.
Das hat so großen Spaß gemacht.
SCHLUMMER

Ende

Chi und Inko 1

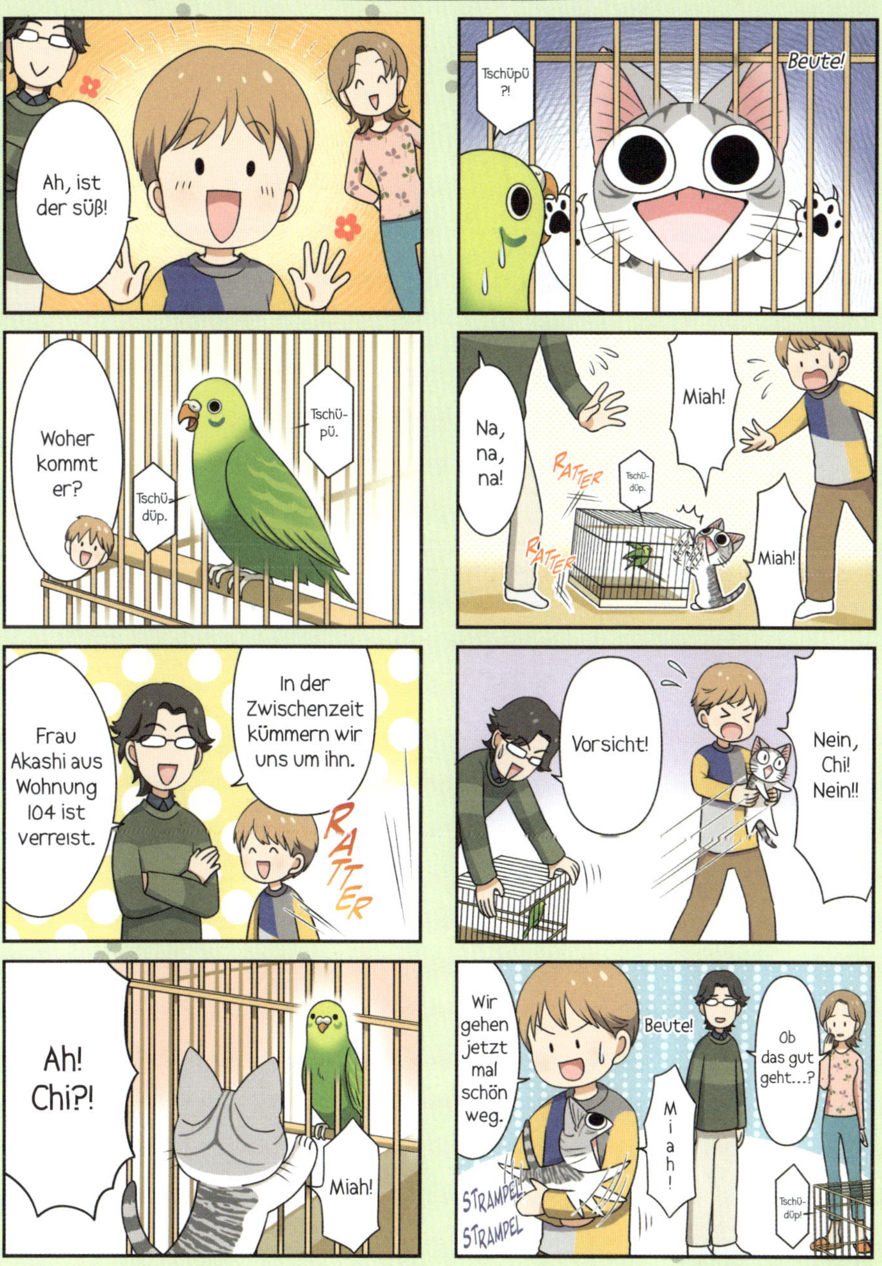

Ah, ist der süß!
Woher kommt er?
Tschü-düp.
Tschü-pü.
Frau Akashi aus Wohnung 104 ist verreist.
In der Zwischenzeit kümmern wir uns um ihn.
RATTER
Ah! Chi?!
Miah!
Tschüpü?!
Beute!
Na, na, na!
Miah!
RATTER
Tschü-düp.
RATTER
Miah!
Vorsicht!
Nein, Chi! Nein!!
Wir gehen jetzt mal schön weg.
Beute!
Miah!
Ob das gut geht...?
Tschü-düp!
STRAMPEL STRAMPEL

Weiter geht's in Teil 2

Chi und Inko 2

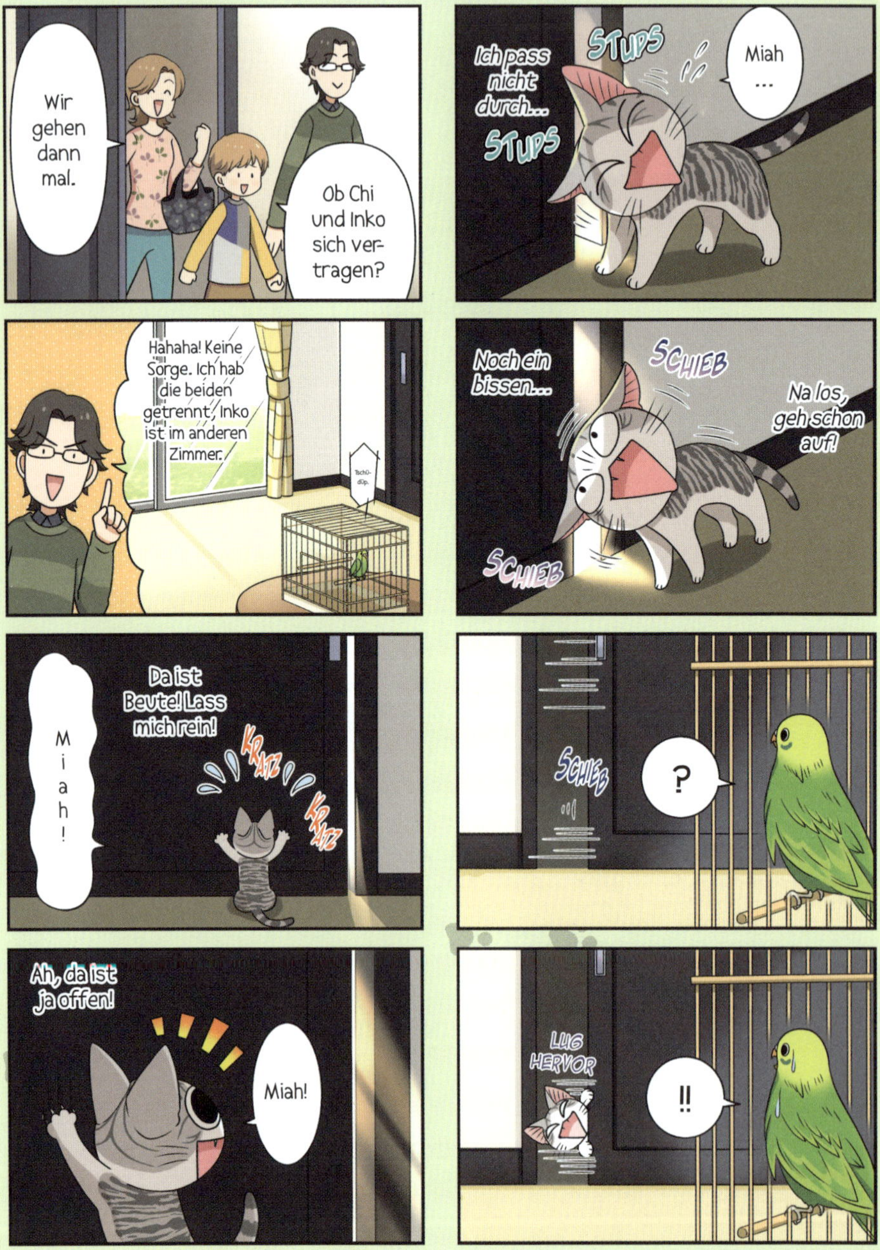
Wir gehen dann mal.
Ob Chi und Inko sich vertragen?
Hahaha! Keine Sorge. Ich hab die beiden getrennt. Inko ist im anderen Zimmer.
Miah!
Da ist Beute! Lass mich rein!
KRATZ
KRATZ
Ah, da ist ja offen!
Miah!
Ich pass nicht durch...
STUPS
STUPS
Miah ...
Noch ein bissen...
SCHIEB
Na los, geh schon auf!
SCHIEB
SCHIEB
?
LUG HERVOR
!!

Weiter geht's in Teil 3

Chi und Inko 3

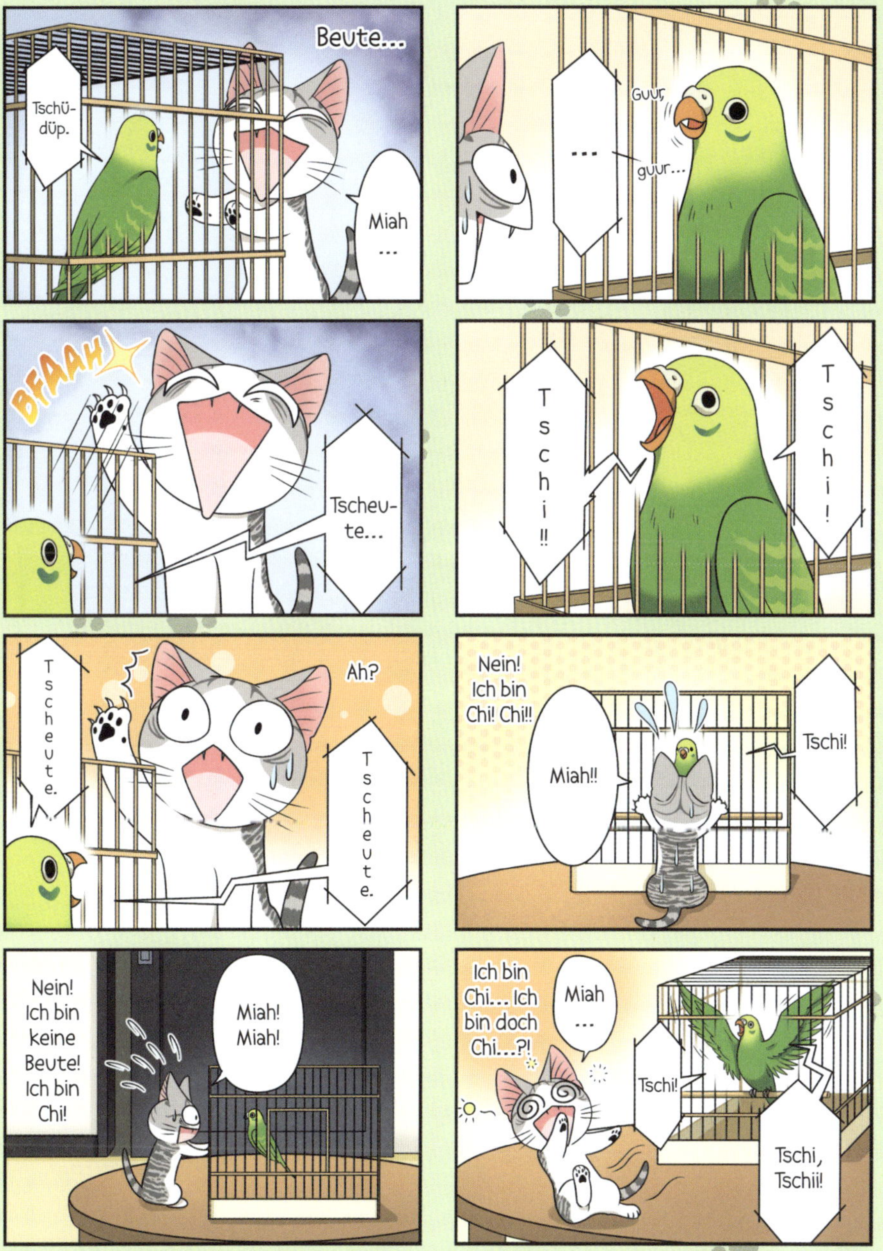

Beute...
Tschü-düp.
Miah ...
...
Guur, guur...
BFAAH
Tscheu-te...
Tschi!!
Tschi!
Tscheute.
Ah?
Tscheute.
Nein! Ich bin Chi! Chi!!
Miah!!
Tschi!
Nein! Ich bin keine Beute! Ich bin Chi!
Miah! Miah!
Ich bin Chi... Ich bin doch Chi...?!
Miah ...
Tschi!
Tschi, Tschii!

Weiter geht's in Teil 4

Chi und Inko 4

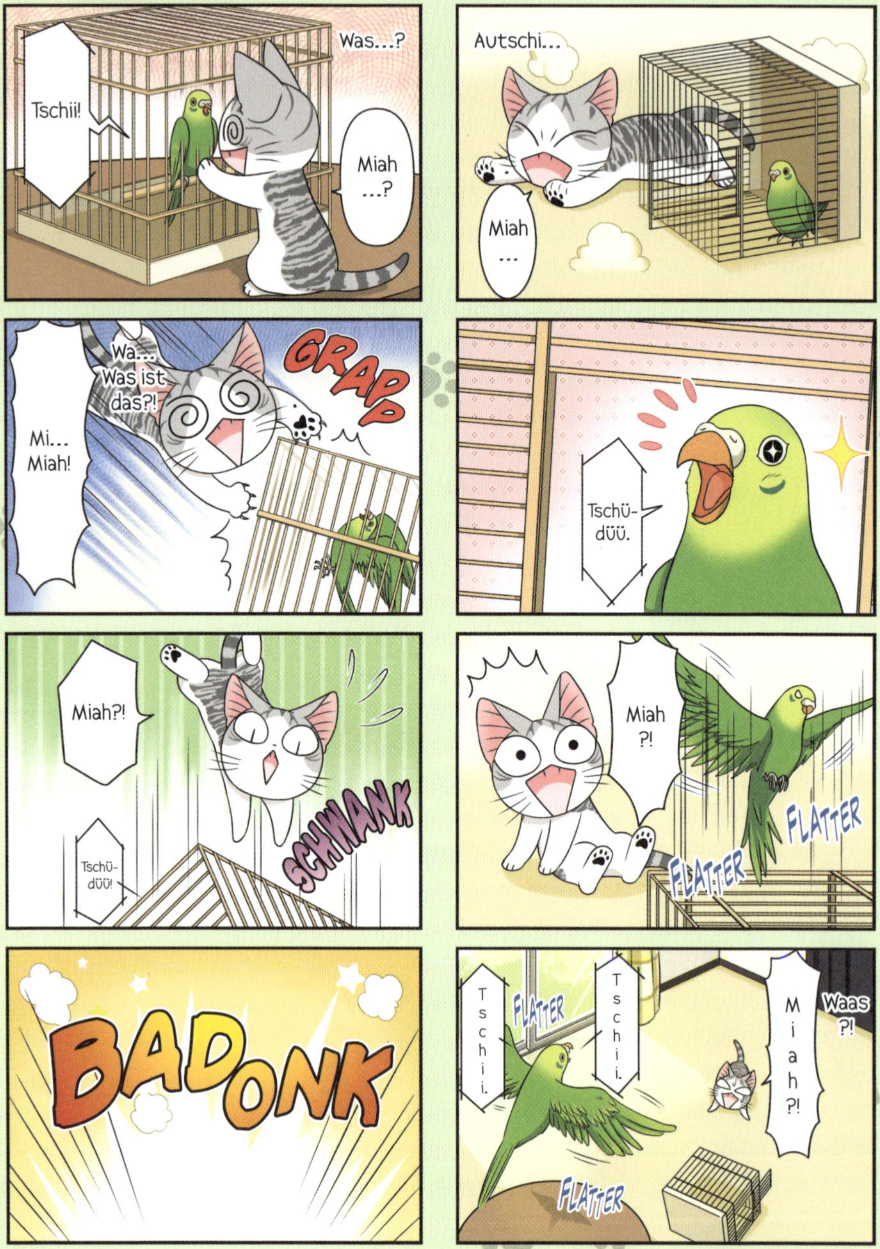
Was...?
Tschii!
Miah ...?
Wa... Was ist das?!
GRAPP
Mi... Miah!
Miah?!
SCHWANK
Tschü-düü!
BADONK
Autschi...
Miah ...
Tschü-düü.
Miah ?!
FLATTER
FLATTER
Waas ?!
Miah?!
Tschii.
FLATTER
Tschii.
FLATTER

Weiter geht's in Teil 5

Chi und Inko 5

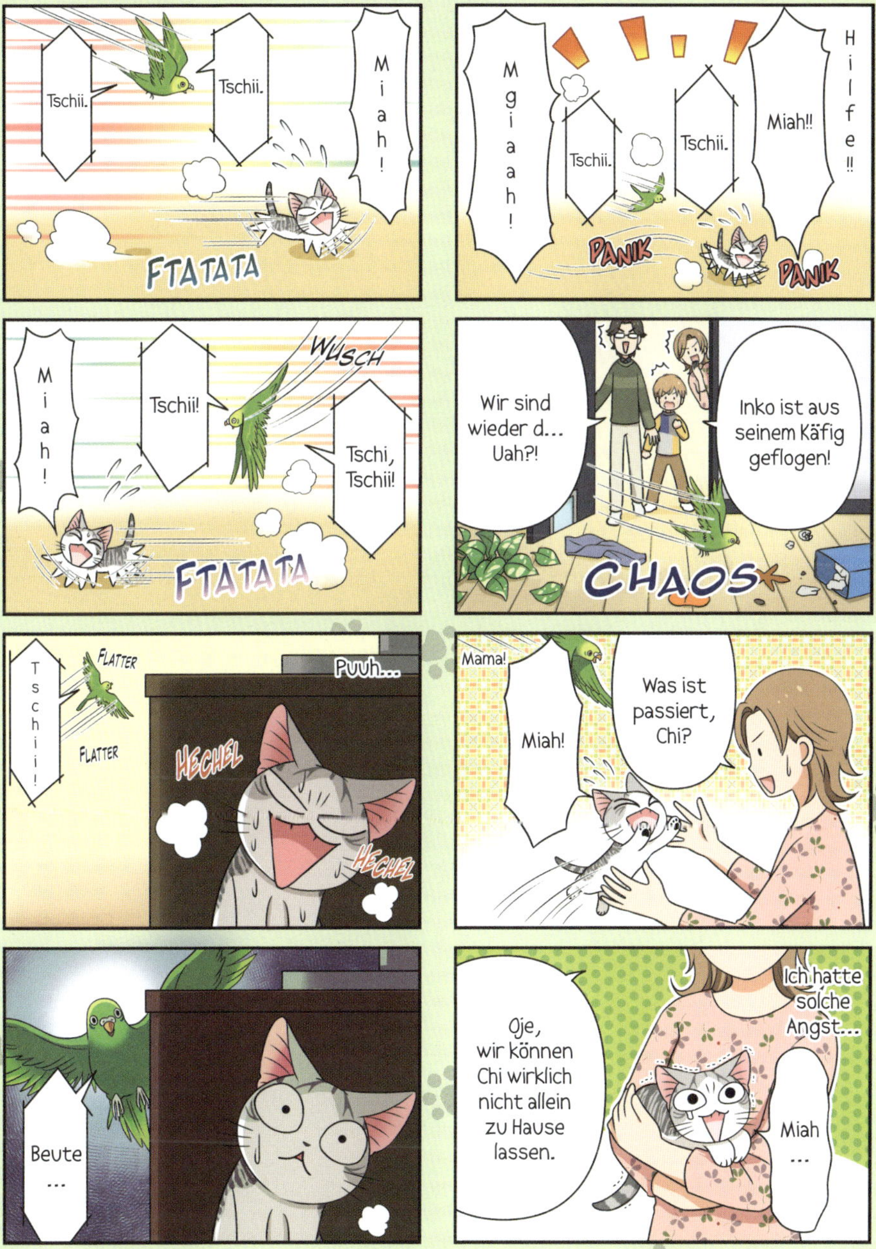
Tschii.
Tschii.
Miah!
FTATATA
Miah!
Tschii!
WUSCH
Tschi, Tschii!
FTATATA
Tschii!
FLATTER
FLATTER
Puuh...
HECHEL
HECHEL
Beute ...
Mgiaaah!
Tschii.
Tschii.
Miah!!
Hilfe!!
PANIK
PANIK
Wir sind wieder d... Uah?!
Inko ist aus seinem Käfig geflogen!
CHAOS
Mama!
Miah!
Was ist passiert, Chi?
Oje, wir können Chi wirklich nicht allein zu Hause lassen.
Ich hatte solche Angst...
Miah ...

Ende

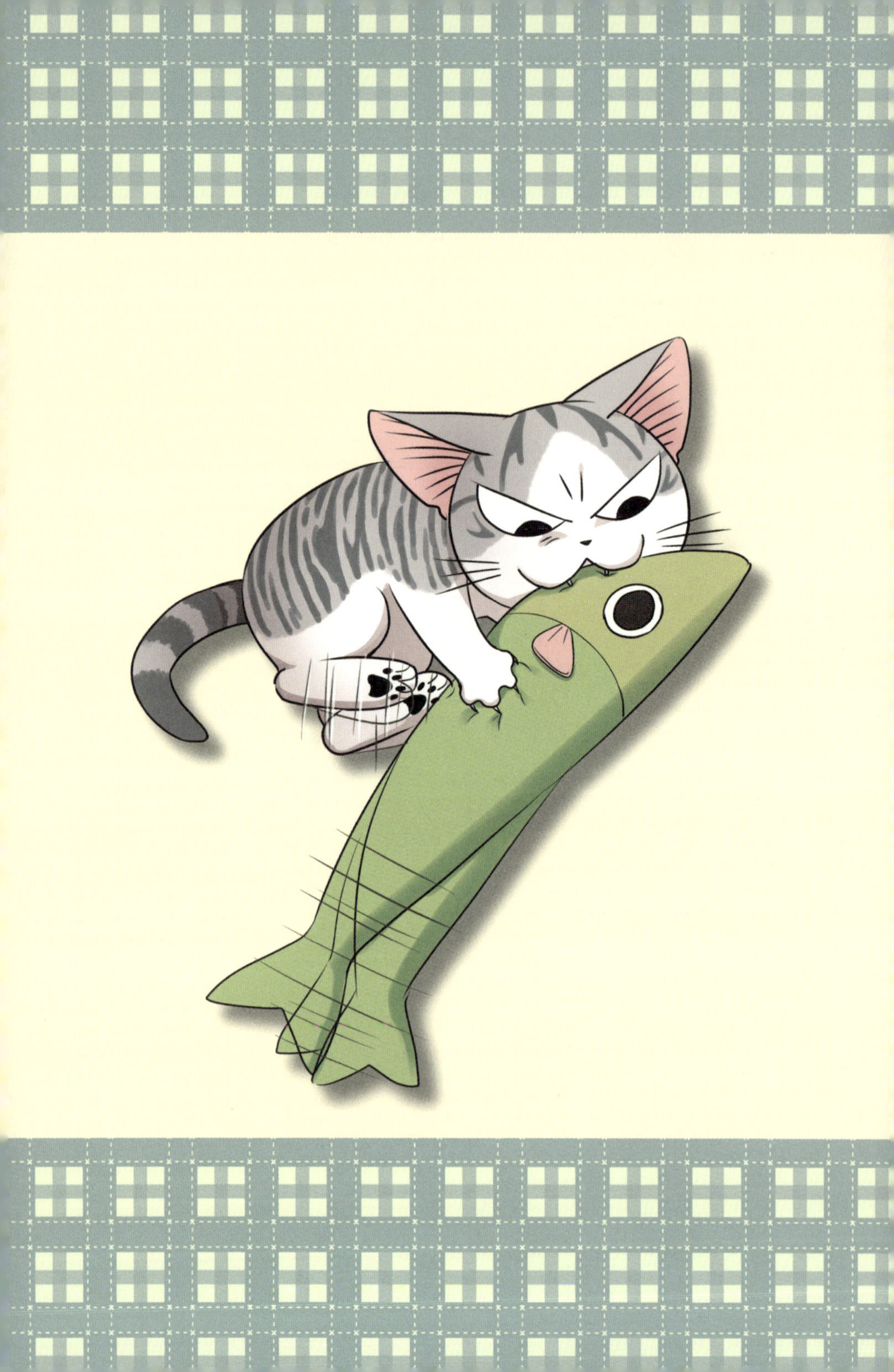

Chi geht aus 1

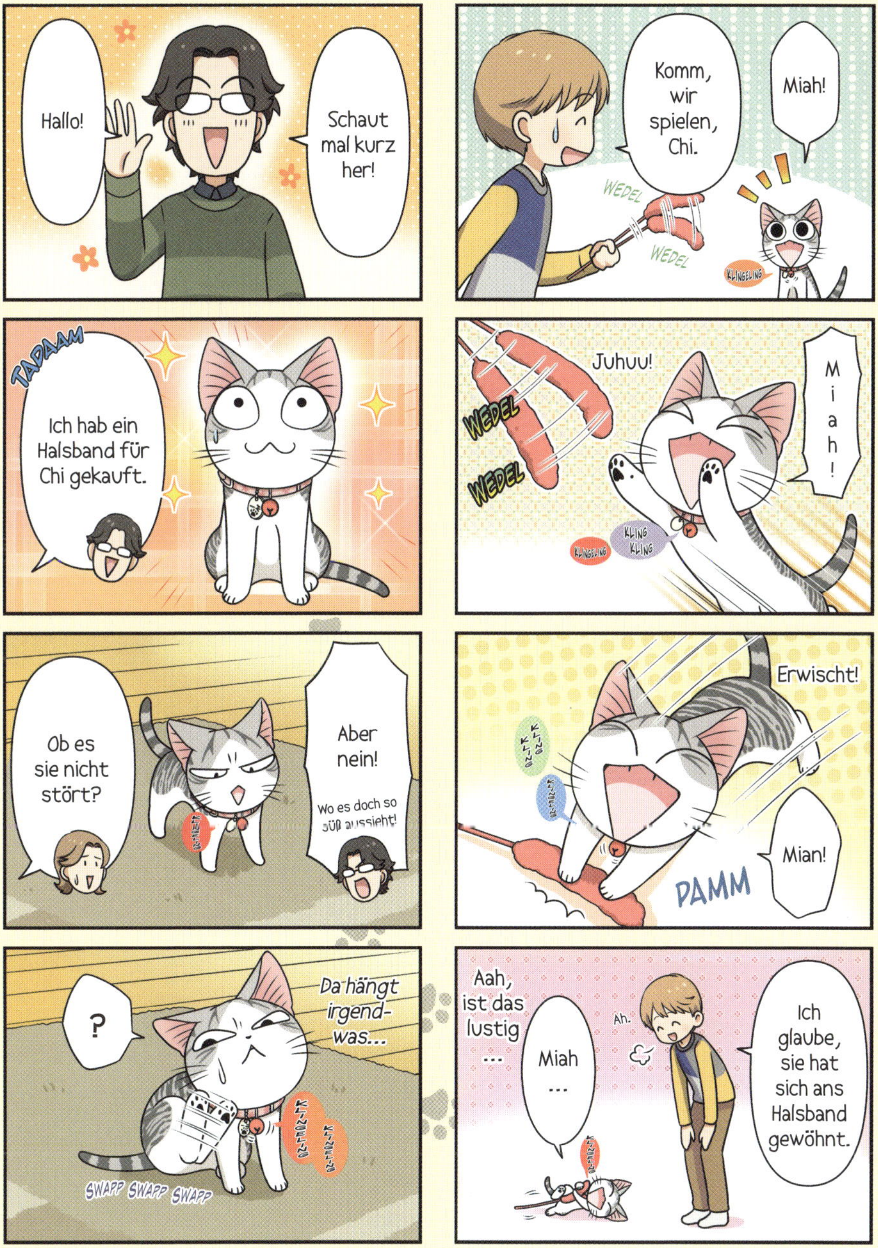
Hallo!
Schaut mal kurz her!
TADAAM
Ich hab ein Halsband für Chi gekauft.
Ob es sie nicht stört?
Aber nein!
Wo es doch so süß aussieht!
?
Da hängt irgendwas...
SWAPP SWAPP SWAPP
Komm, wir spielen, Chi.
Miah!
WEDEL
WEDEL
KLINGELING
Juhuu!
Miah!
WEDEL
WEDEL
KLINGELING
KLING KLING
Erwischt!
Mian!
PAMM
Aah, ist das lustig ...
Miah ...
Ah.
Ich glaube, sie hat sich ans Halsband gewöhnt.

Weiter geht's in Teil 2

Chi geht aus 2

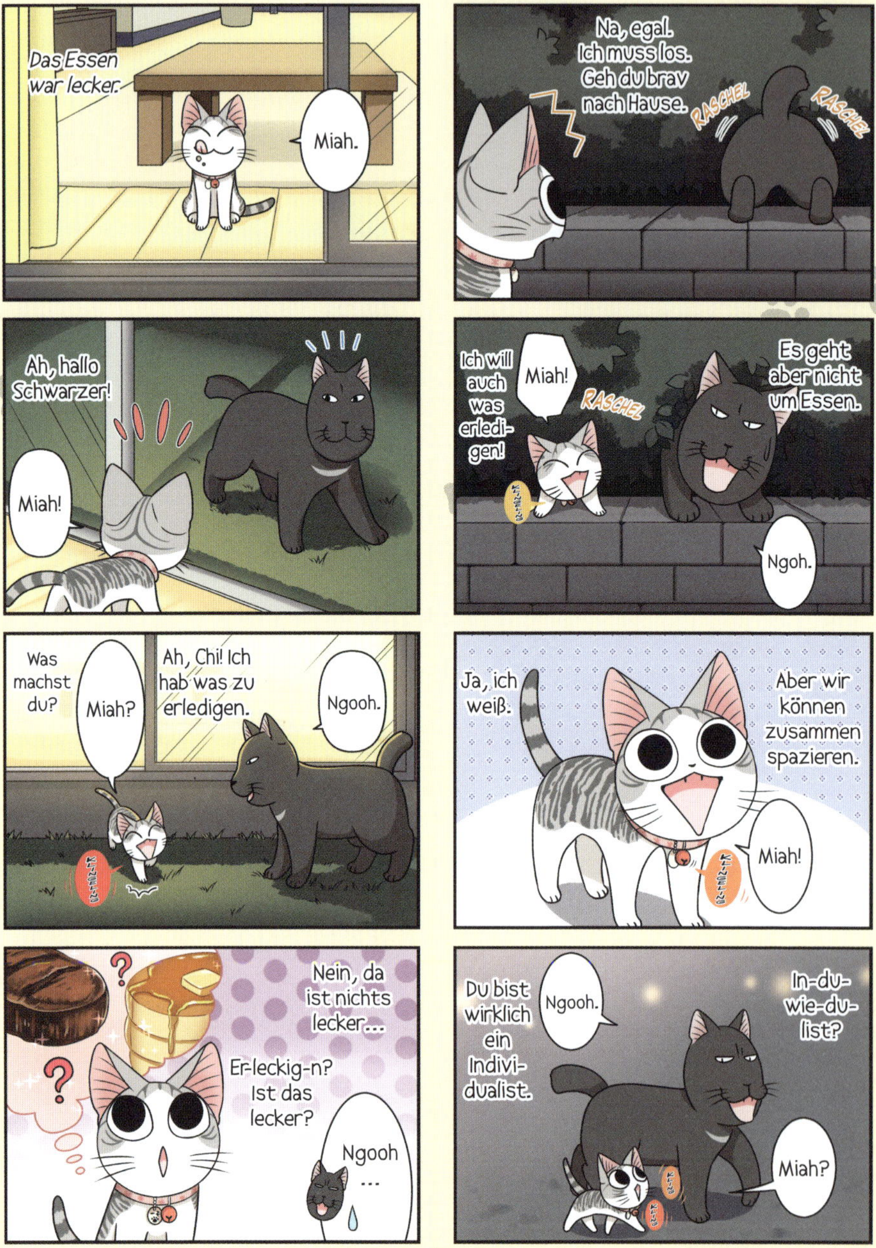

Das Essen war lecker.
Miah.
Ah, hallo Schwarzer!
Miah!
Was machst du?
Miah?
Ah, Chi! Ich hab was zu erledigen.
Ngooh.
Er-leckig-n? Ist das lecker?
Ngooh …
Nein, da ist nichts lecker …
Na, egal. Ich muss los. Geh du brav nach Hause.
RASCHEL
RASCHEL
Ich will auch was erledigen!
Miah!
RASCHEL
Es geht aber nicht um Essen.
Ngoh.
Ja, ich weiß.
Aber wir können zusammen spazieren.
Miah!
Du bist wirklich ein Individualist.
Ngooh.
In-du-wie-du-list?
Miah?

Weiter geht's in Teil 3

Chi geht aus 3

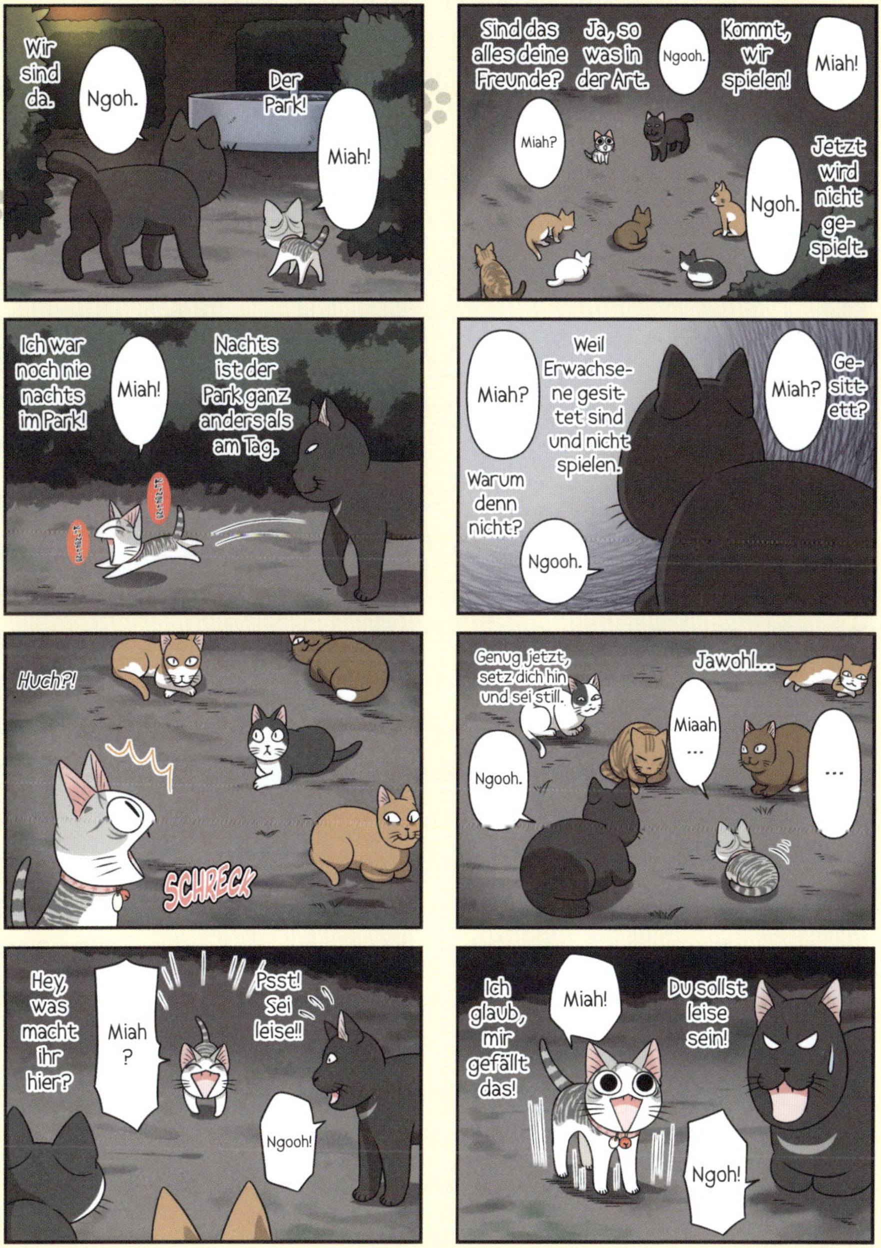

Wir sind da.
Ngoh.
Der Park!
Miah!
Sind das alles deine Freunde?
Ja, so was in der Art.
Ngooh.
Kommt, wir spielen!
Miah!
Miah?
Ngoh.
Jetzt wird nicht gespielt.
Ich war noch nie nachts im Park!
Miah!
Nachts ist der Park ganz anders als am Tag.
Miah?
Weil Erwachsene gesittet sind und nicht spielen.
Warum denn nicht?
Ngooh.
Miah?
Gesittett?
Huch?!
SCHRECK
Genug jetzt, setz dich hin und sei still.
Ngooh.
Miaah …
Jawohl…
…
Hey, was macht ihr hier?
Miah ?
Psst! Sei leise!!
Ngooh!
Ich glaub, mir gefällt das!
Miah!
Du sollst leise sein!
Ngoh!

Weiter geht's in Teil 4

Chi geht aus 4

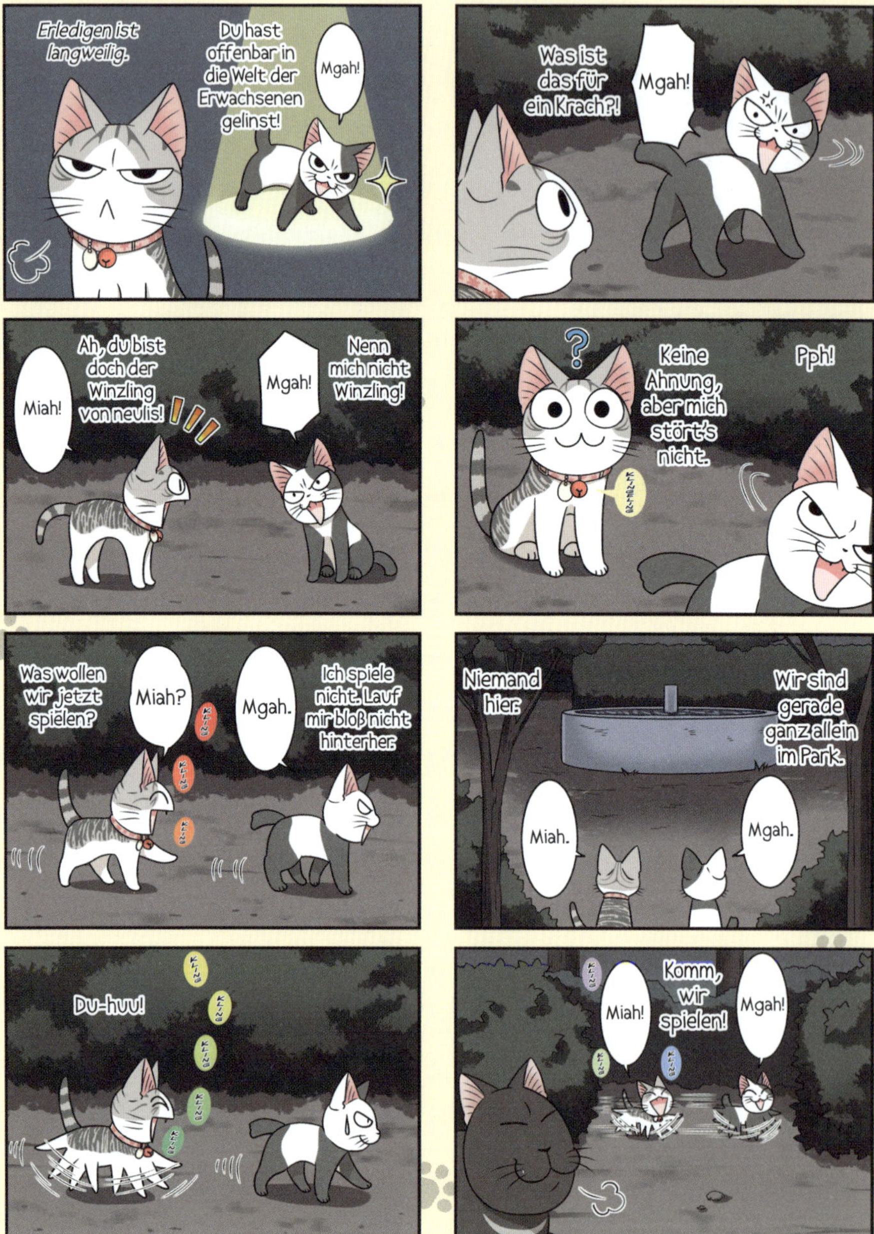

Erledigen ist langweilig.
Du hast offenbar in die Welt der Erwachsenen gelinst!
Mgah!
Was ist das für ein Krach?!
Mgah!
Miah!
Ah, du bist doch der Winzling von neulis!
Mgah!
Nenn mich nicht Winzling!
Keine Ahnung, aber mich stört's nicht.
KLING
Pph!
Was wollen wir jetzt spielen?
Miah?
KLING
KLING
KLING
Mgah.
Ich spiele nicht. Lauf mir bloß nicht hinterher.
Niemand hier.
Wir sind gerade ganz allein im Park.
Miah.
Mgah.
KLING
Du-huu!
KLING
KLING
KLING
KLING
KLING
Miah!
Komm, wir spielen!
KLING
Mgah!

Weiter geht's in Teil 5

Chi geht aus 5

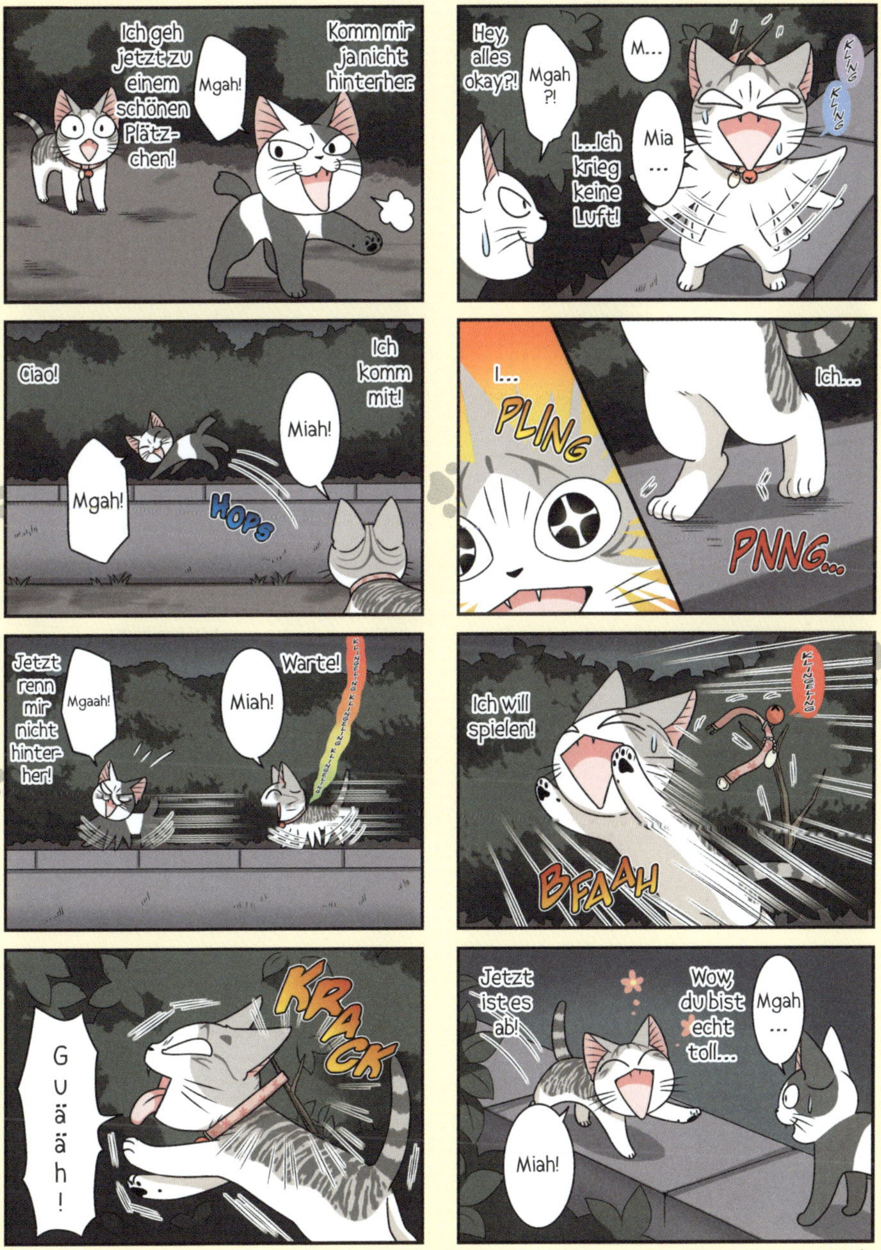
Ich geh jetzt zu einem schönen Plätzchen!
Mgah!
Komm mir ja nicht hinterher.
Ciao!
Mgah!
HOPS
Miah!
Ich komm mit!
Jetzt renn mir nicht hinterher!
Mgaah!
Miah!
Warte!
KLINGELING KLINGELING KLINGELING
G u ä ä h !
KRACK
Hey, alles okay?!
Mgah ?!
M…
Mia …
I…Ich krieg keine Luft!
KLING KLING
I…
PLING
Ich…
PNNG…
Ich will spielen!
KLINGELING
BFAAH
Jetzt ist es ab!
Miah!
Wow, du bist echt toll…
Mgah …

Ende

Chi sucht ein »schönes Plätzchen« 1

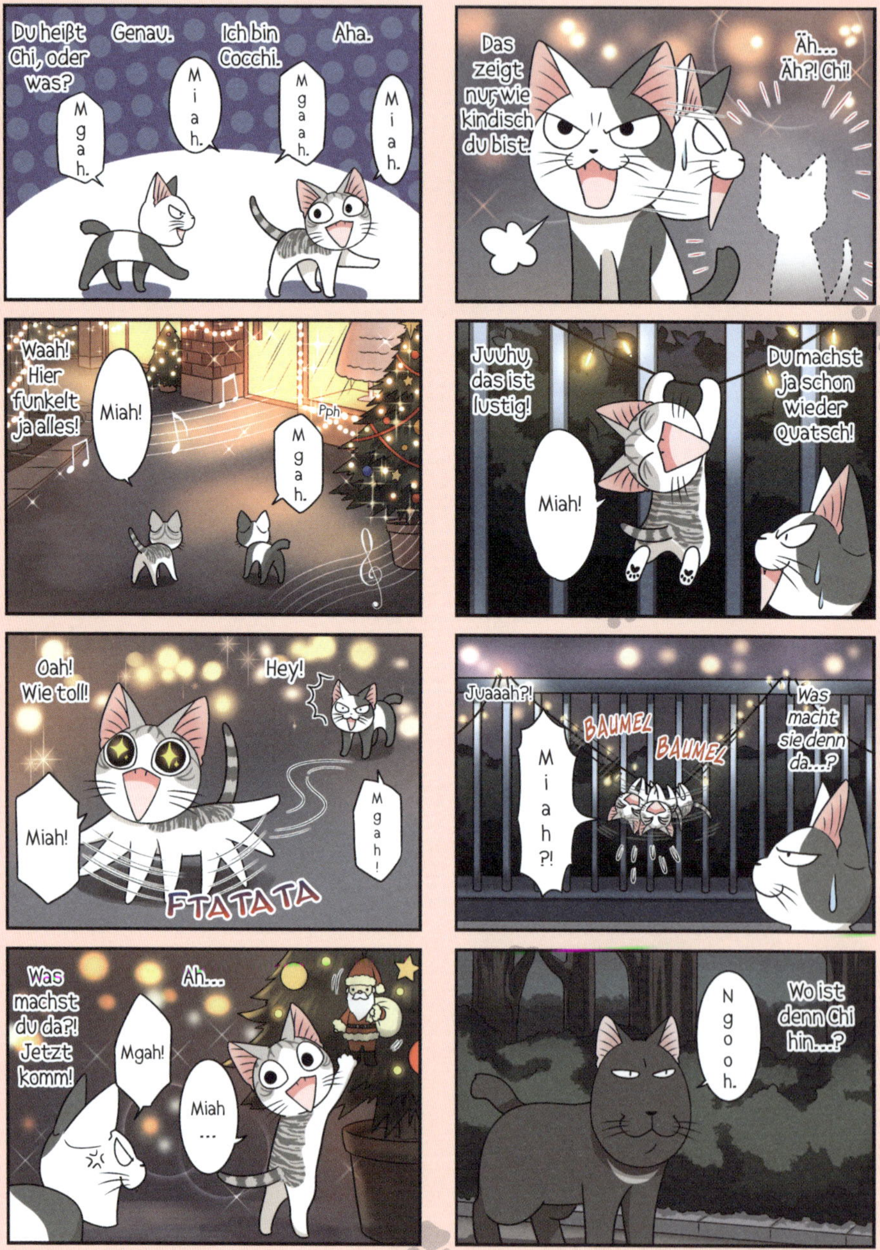
Du heißt Chi, oder was?
Mgaah.
Genau.
Miah.
Ich bin Cocchi.
Mgaah.
Aha.
Miah.
Waah! Hier funkelt ja alles!
Miah!
Mgaah.
Pph
Oah! Wie toll!
Miah!
Hey!
Mgah!
FTATATA
Was machst du da?! Jetzt komm!
Mgah!
Ah…
Miah…
Das zeigt nur, wie kindisch du bist.
Äh… Äh?! Chi!
Juuhu, das ist lustig!
Miah!
Du machst ja schon wieder Quatsch!
Juaaah?!
Miah?!
BAUMEL
BAUMEL
Was macht sie denn da…?
Ngooh.
Wo ist denn Chi hin…?

Weiter geht's in Teil 2

Chi sucht ein »schönes Plätzchen« 2

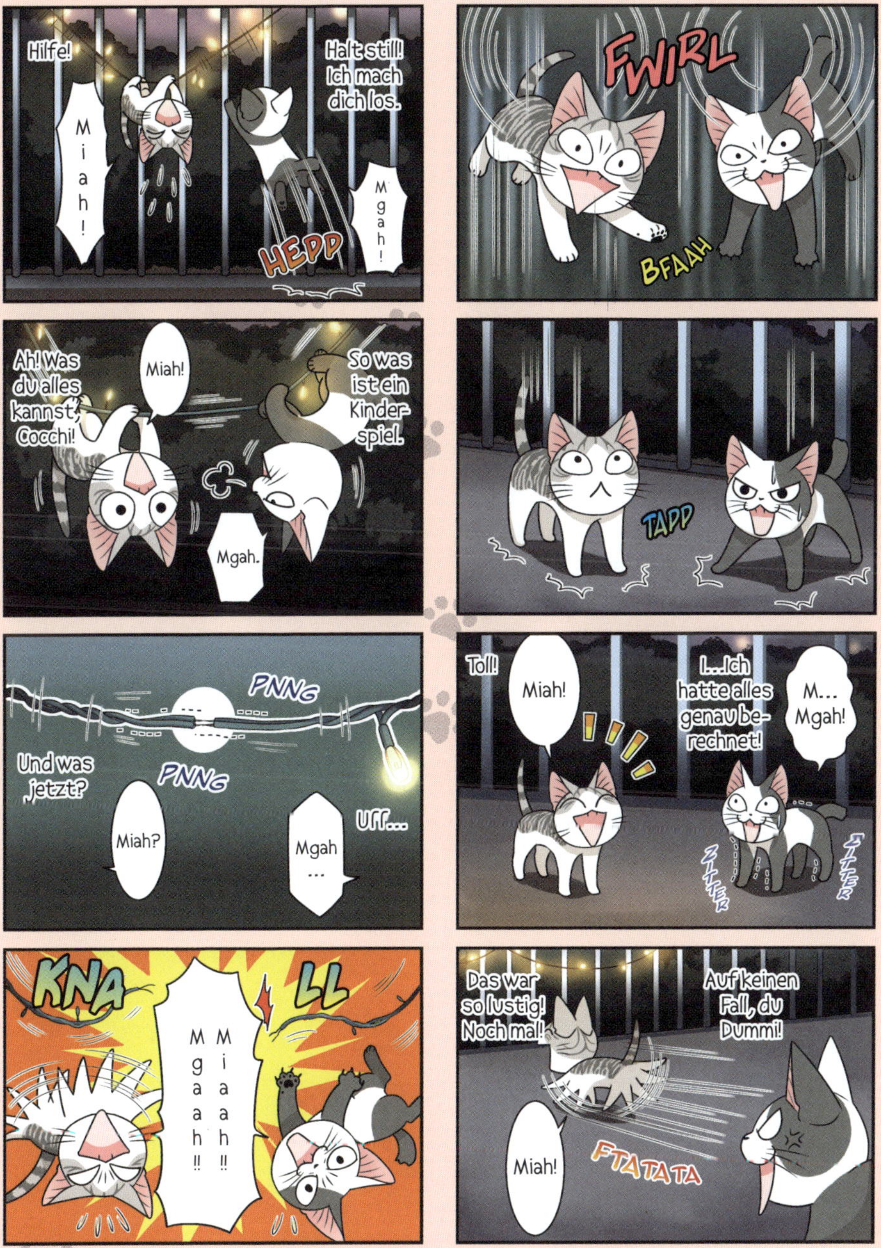
Hilfe!
Miah!
Halt still! Ich mach dich los.
Mgah!
HEPP
Ah! Was du alles kannst, Cocchi!
Miah!
So was ist ein Kinderspiel.
Mgah.
PNNG
Und was jetzt?
PNNG
Miah?
Urr...
Mgah ...
KNALL
Miaah!!
Mgaah!!
FWIRL
BFAAH
TAPP
Toll!
Miah!
I...Ich hatte alles genau berechnet!
M... Mgah!
ZITTER
ZITTER
Das war so lustig! Noch mal!
Auf keinen Fall, du Dummi!
Miah!
FTATATA

Weiter geht's in Teil 3

Chi sucht ein »schönes Plätzchen« 3

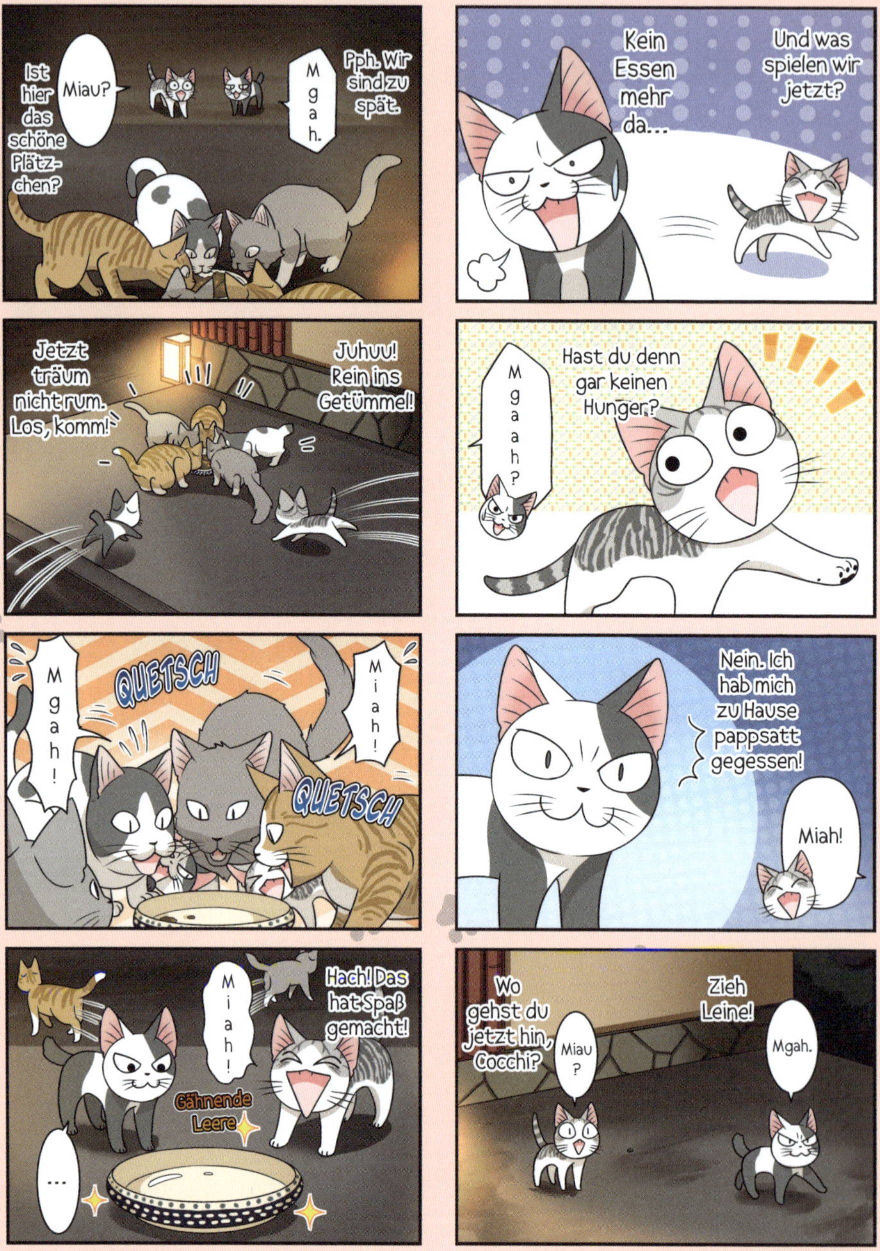

Ist hier das schöne Plätzchen?
Miau?
Mgah.
Pph. Wir sind zu spät.
Jetzt träum nicht rum. Los, komm!
Juhuu! Rein ins Getümmel!
Mgah!
QUETSCH
QUETSCH
Miah!
Hach! Das hat Spaß gemacht!
Miah!
Gähnende Leere
...
Kein Essen mehr da...
Und was spielen wir jetzt?
Hast du denn gar keinen Hunger?
Mgaah?
Nein. Ich hab mich zu Hause pappsatt gegessen!
Miah!
Wo gehst du jetzt hin, Cocchi?
Miau?
Zieh Leine!
Mgah.

Weiter geht's in Teil 4

Chi sucht ein »schönes Plätzchen« 4

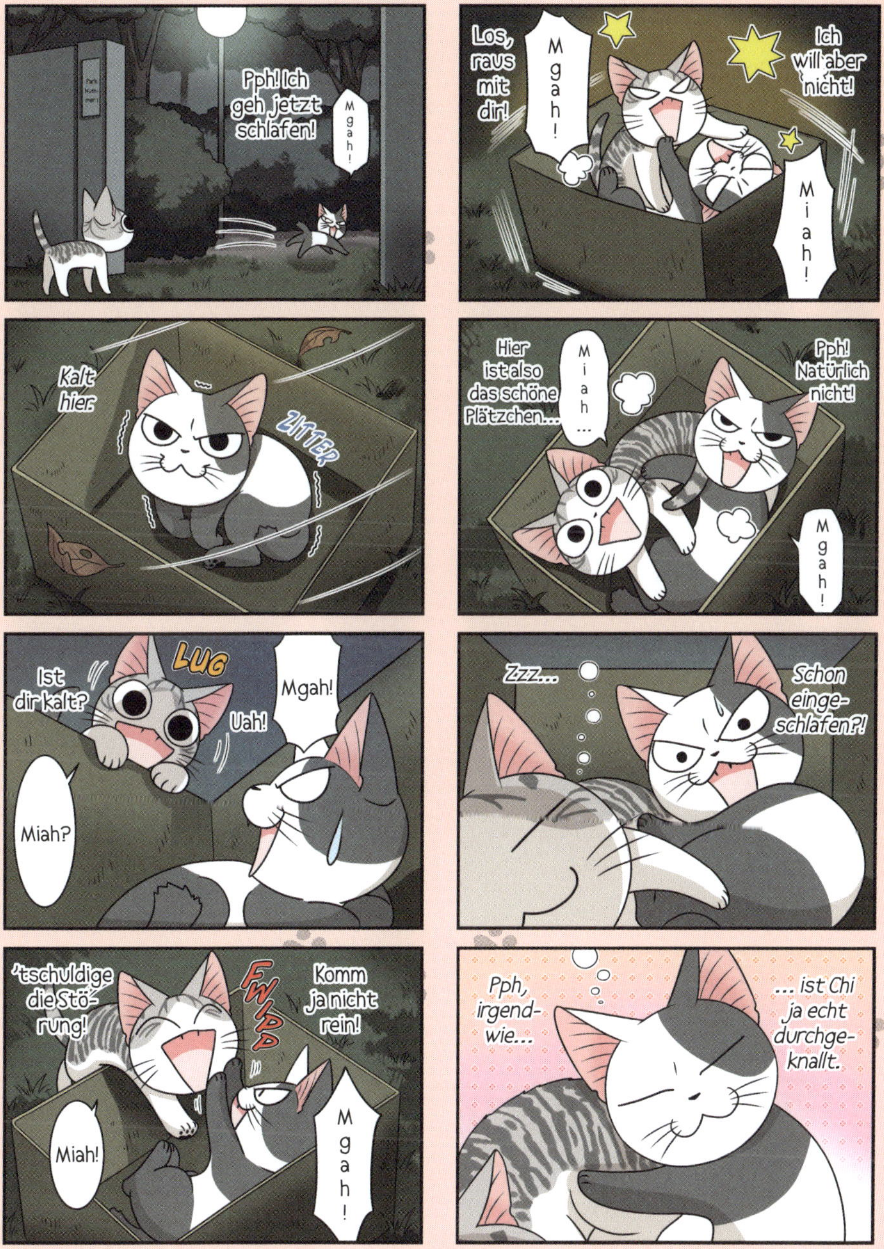
Park-Num-mer
Pph! Ich geh jetzt schlafen!
Mgah!
Kalt hier.
ZITTER
Ist dir kalt?
LUG
Uah!
Mgah!
Miah?
'tschuldige die Stö-rung!
FWIPP
Komm ja nicht rein!
Miah!
Mgah!
Los, raus mit dir!
Mgah!
Ich will aber nicht!
Miah!
Hier ist also das schöne Plätzchen ...
Miah ...
Pph! Natürlich nicht!
Mgah!
Zzz...
Schon einge-schlafen?!
Pph, irgend-wie...
... ist Chi ja echt durchge-knallt.

Weiter geht's in Teil 5

Chi sucht ein »schönes Plätzchen« 5

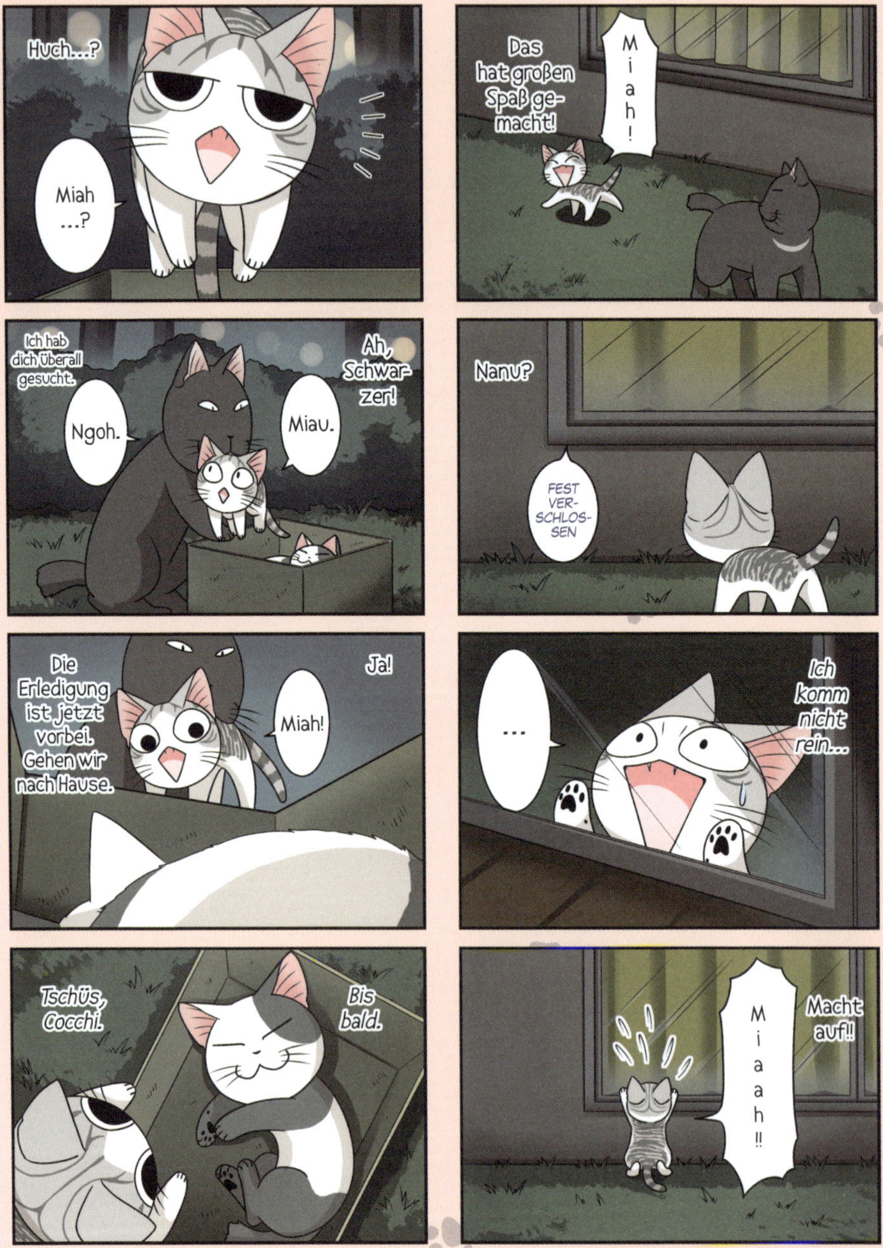
Huch...?
Miah ...?
Ah, Schwarzer!
Miau.
Ich hab dich überall gesucht.
Ngoh.
Die Erledigung ist jetzt vorbei. Gehen wir nach Hause.
Ja!
Miah!
Tschüs, Cocchi.
Bis bald.
Das hat großen Spaß gemacht!
Miah!
Nanu?
FEST VERSCHLOSSEN
...
Ich komm nicht rein...
Macht auf!!
Miaah!!

Ende

Chi kommt zurück 1

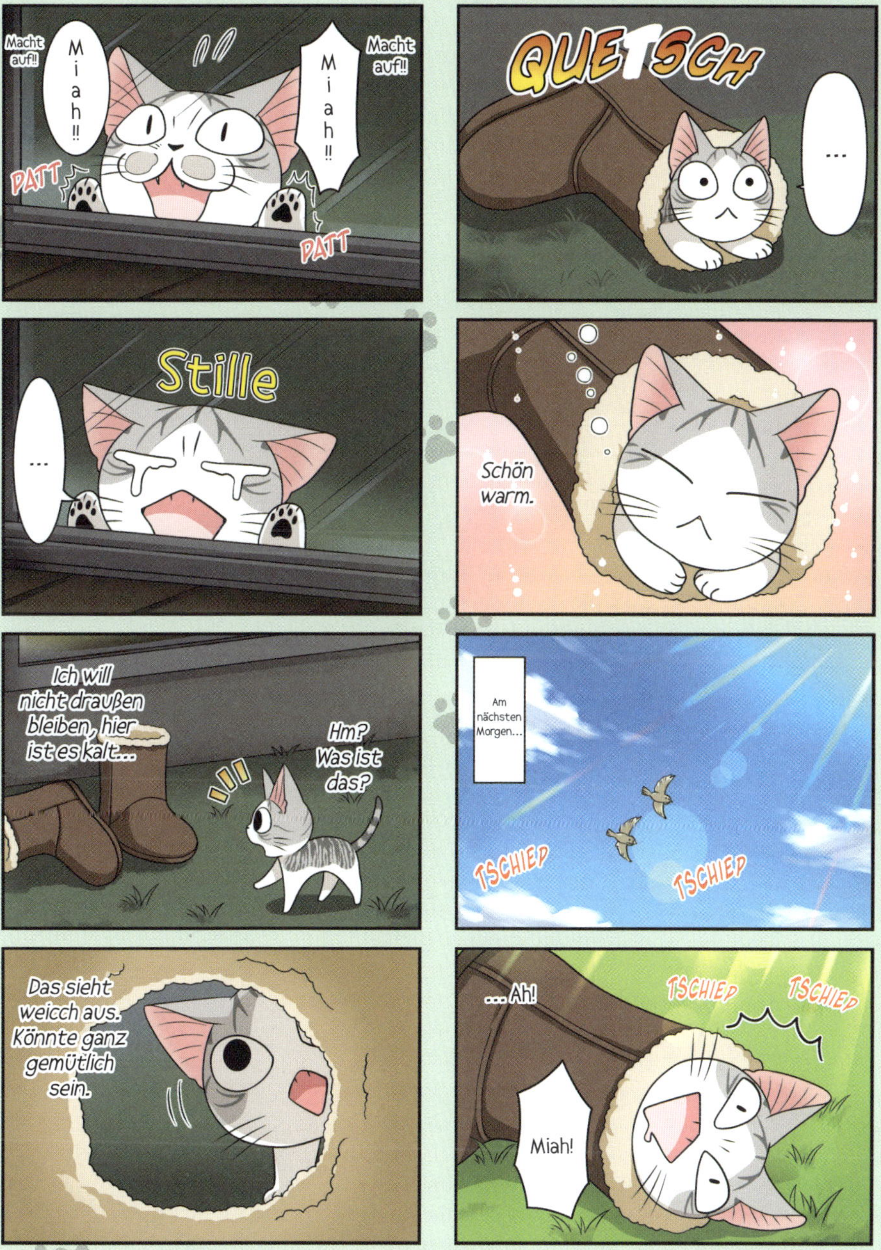
Macht auf!!
Miah!!
Miah!!
Macht auf!!
PATT
PATT
Stille
...
Ich will nicht draußen bleiben, hier ist es kalt...
Hm? Was ist das?
Das sieht weicch aus. Könnte ganz gemütlich sein.
QUETSCH
...
Schön warm.
Am nächsten Morgen...
TSCHIEP
TSCHIEP
...Ah!
TSCHIEP
TSCHIEP
Miah!

Weiter geht's in Teil 2

Chi kommt zurück 2

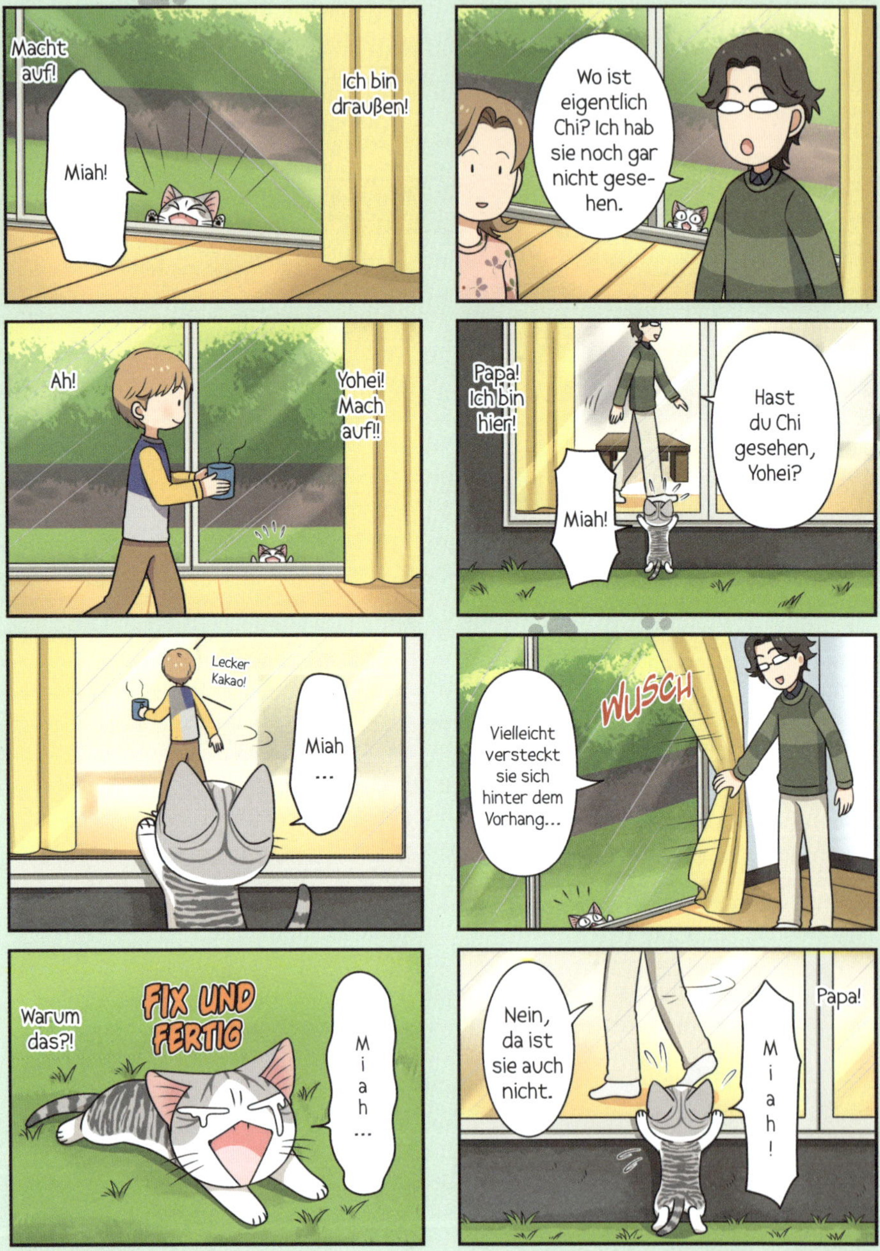

Macht auf!
Miah!
Ich bin draußen!
Ah!
Yohei! Mach auf!!
Lecker Kakao!
Miah …
Warum das?!
FIX UND FERTIG
Miah …
Wo ist eigentlich Chi? Ich hab sie noch gar nicht gesehen.
Hast du Chi gesehen, Yohei?
Papa! Ich bin hier!
Miah!
Vielleicht versteckt sie sich hinter dem Vorhang…
WUSCH
Nein, da ist sie auch nicht.
Papa!
Miah!

Weiter geht's in Teil 3

Chi kommt zurück 3

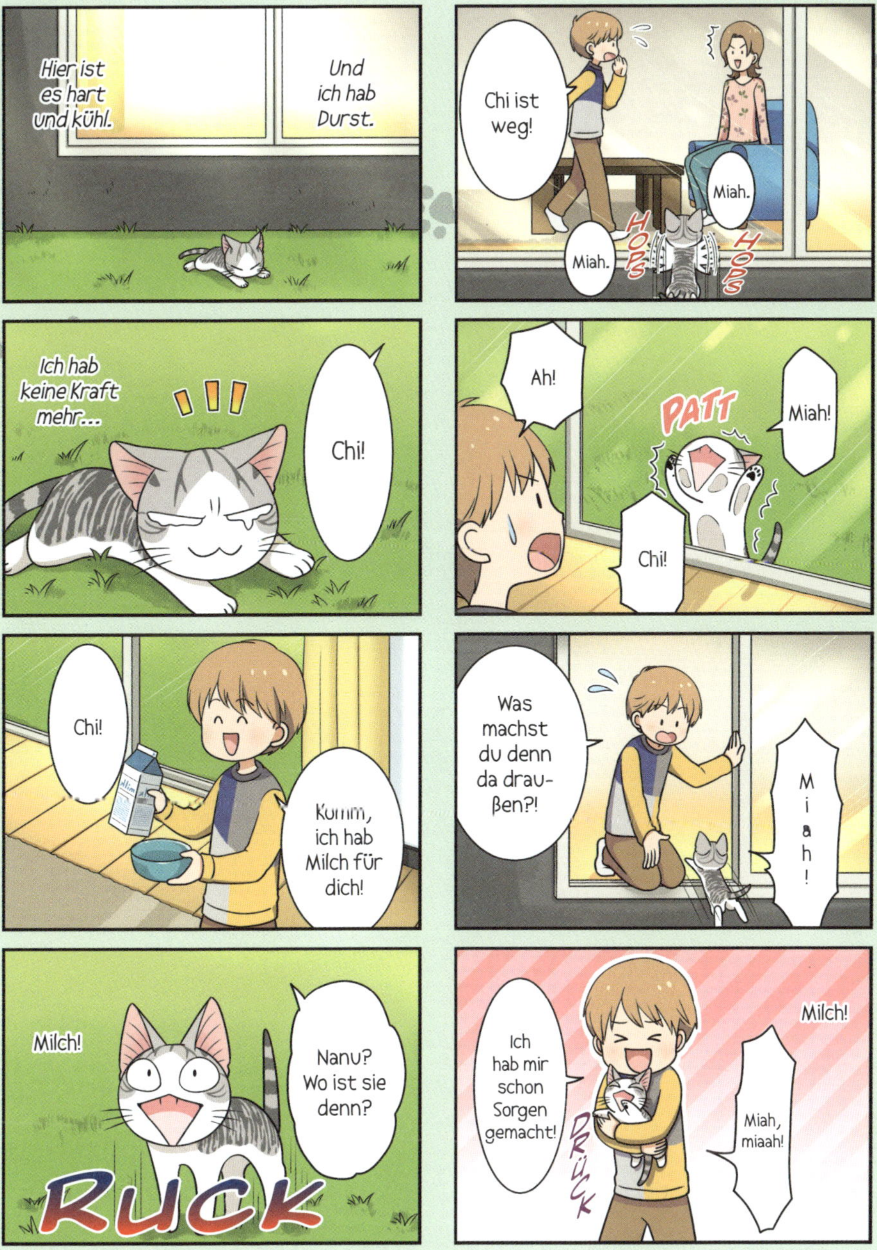

Hier ist es hart und kühl.
Und ich hab Durst.
Ich hab keine Kraft mehr …
Chi!
Chi!
Komm, ich hab Milch für dich!
Milch!
Nanu? Wo ist sie denn?
RUCK
Chi ist weg!
Miah.
Miah.
HOPS
HOPS
Ah!
PATT
Miah!
Chi!
Was machst du denn da drau-ßen?!
Miah!
Ich hab mir schon Sorgen gemacht!
DRÜCK
Milch!
Miah, miaah!

Weiter geht's in Teil 4

Chi kommt zurück 4

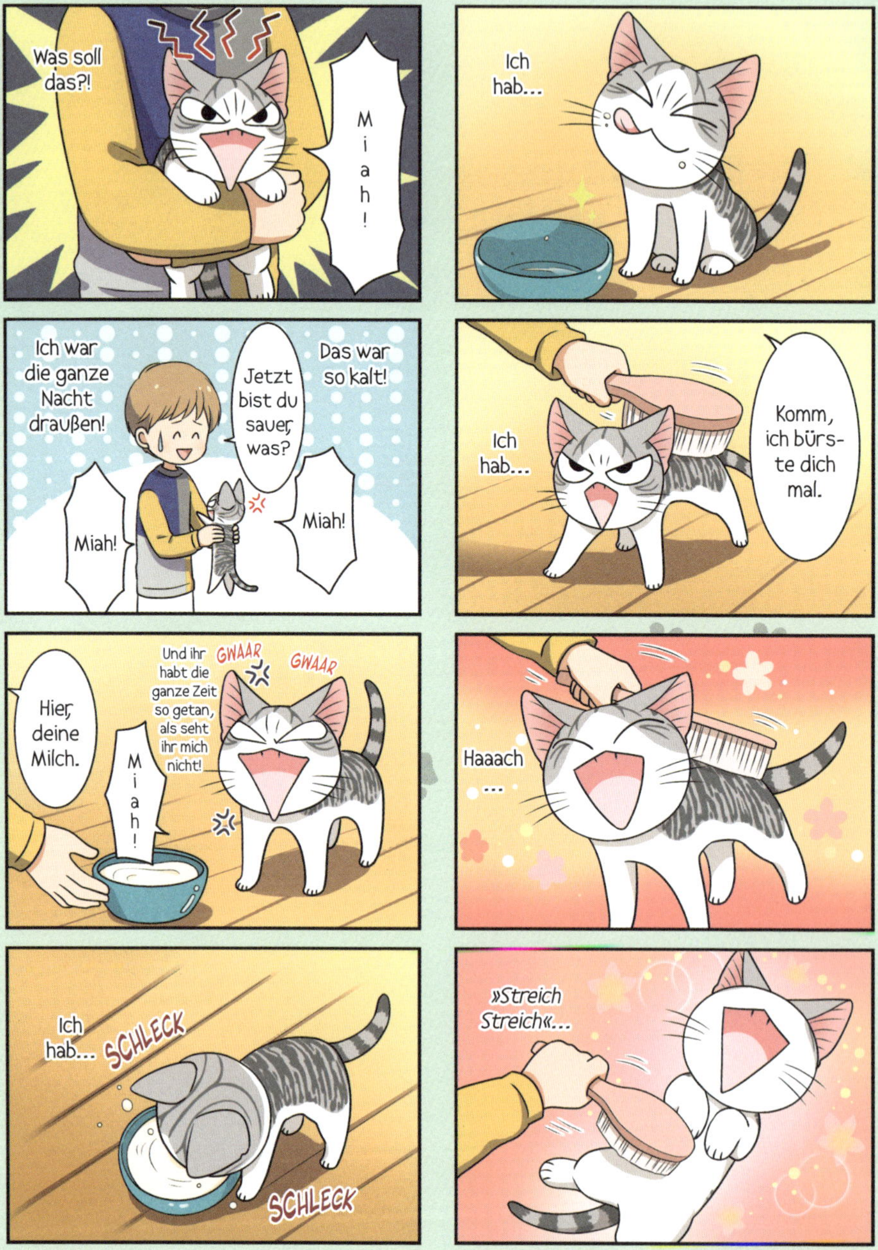

Was soll das?!
Miah!
Ich war die ganze Nacht draußen!
Das war so kalt!
Jetzt bist du sauer, was?
Miah!
Miah!
Hier, deine Milch.
Miah!
Und ihr habt die ganze Zeit so getan, als seht ihr mich nicht!
GWAAR
GWAAR
Ich hab...
SCHLECK
SCHLECK
Ich hab...
Komm, ich bürs-te dich mal.
Ich hab...
Haaach ...
»Streich Streich«...

Weiter geht's in Teil 5

Chi kommt zurück 5

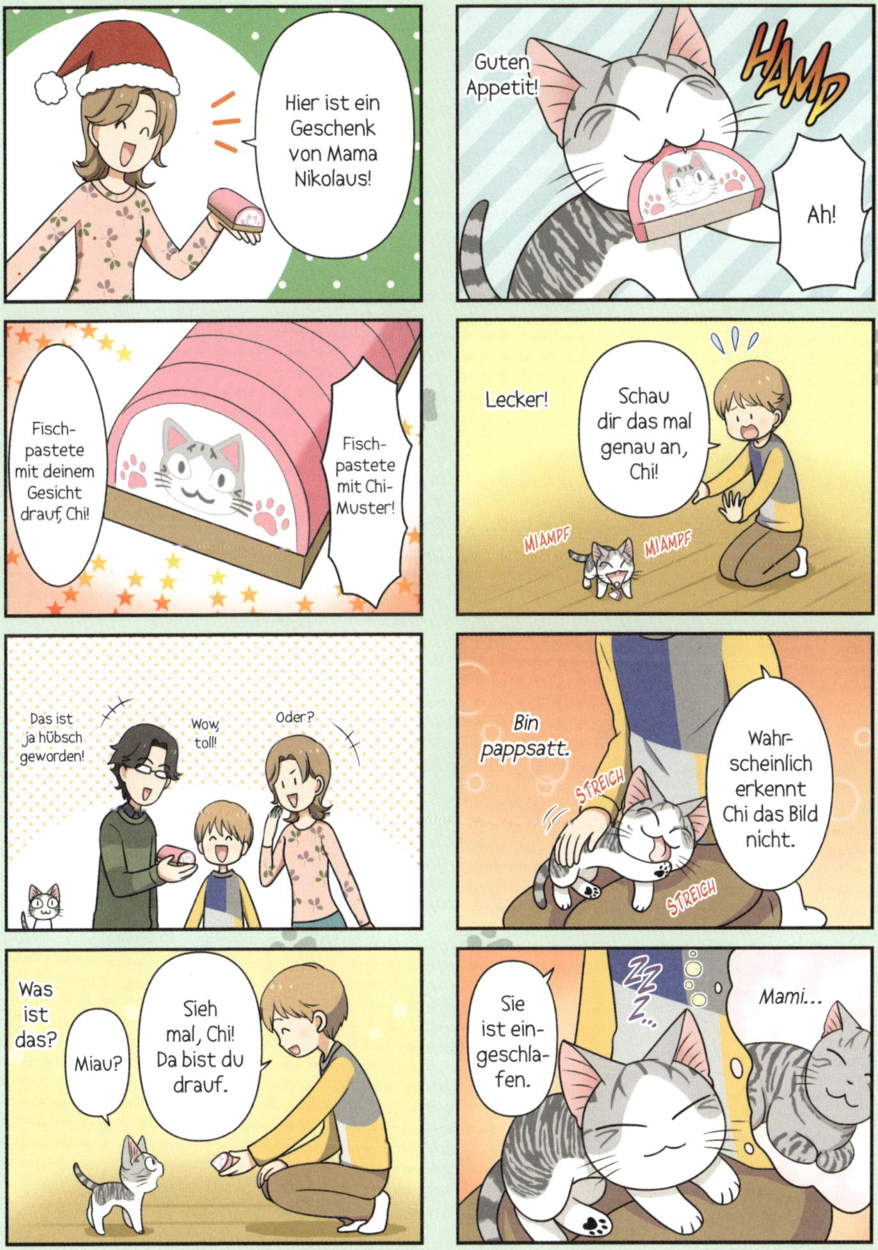

Hier ist ein Geschenk von Mama Nikolaus!
Fisch-pastete mit deinem Gesicht drauf, Chi!
Fisch-pastete mit Chi-Muster!
Das ist ja hübsch geworden!
Wow, toll!
Oder?
Was ist das?
Miau?
Sieh mal, Chi! Da bist du drauf.
Guten Appetit!
HAMP
Ah!
Lecker!
Schau dir das mal genau an, Chi!
MIAMPF
MIAMPF
Bin pappsatt.
STREICH
Wahr-scheinlich erkennt Chi das Bild nicht.
STREICH
Sie ist ein-geschla-fen.
Z Z Z...
Mami...

Ende

Chi rutscht ins neue Jahr

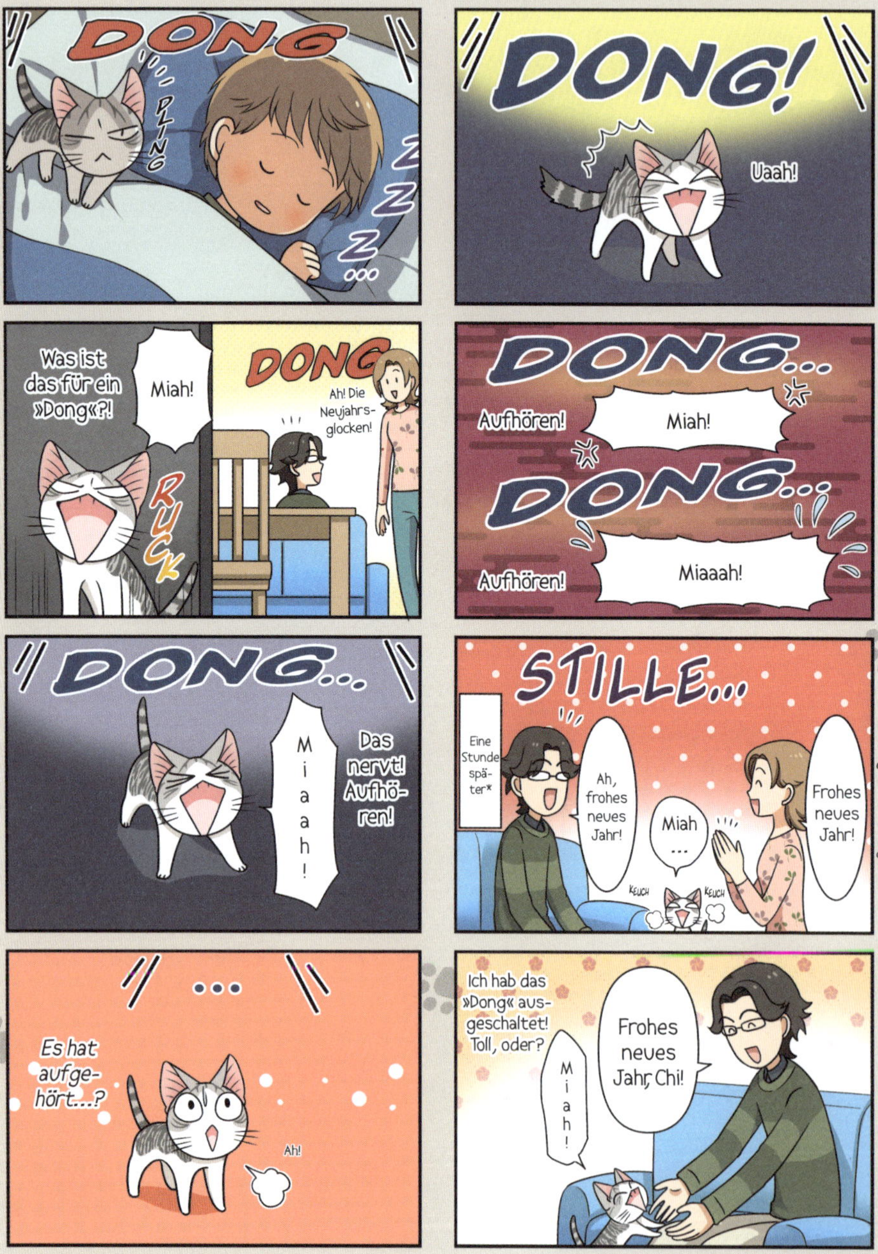

DONG
DLING
Z Z Z...
DONG!
Uaah!
Was ist das für ein »Dong«?!
Miah!
RUCK
DONG
Ah! Die Neujahrsglocken!
DONG...
Aufhören!
Miah!
DONG...
Aufhören!
Miaaah!
DONG...
Miaah!
Das nervt! Aufhören!
STILLE...
Eine Stunde später*
Ah, frohes neues Jahr!
Miah ...
Frohes neues Jahr!
KEUCH
KEUCH
...
Es hat aufgehört...?
Ah!
Ich hab das »Dong« ausgeschaltet! Toll, oder?
Miah!
Frohes neues Jahr, Chi!

* Die Neujahrsglocken werden am 31.12. bis Schlag 0 Uhr 108 Mal geläutet.

Ende

Chi genießt Neujahrs-Osechi*

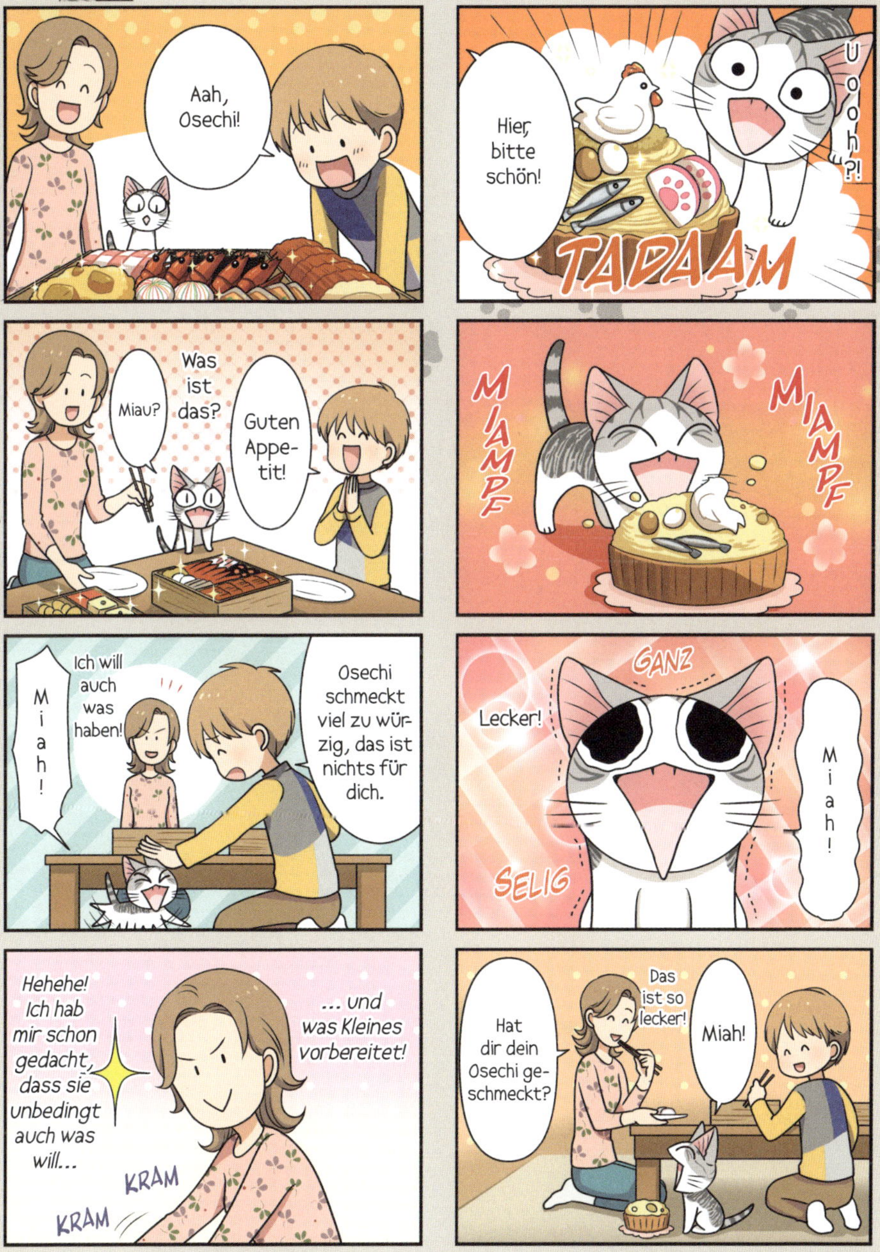

Aah, Osechi!
Miau?
Was ist das?
Guten Appe-tit!
Miah!
Ich will auch was haben!
Osechi schmeckt viel zu wür-zig, das ist nichts für dich.
Hehehe! Ich hab mir schon gedacht, dass sie unbedingt auch was will...
... und was Kleines vorbereitet!
KRAM
KRAM
Hier, bitte schön!
Uoooh?!
TADAAM
MIAMPF
MIAMPF
GANZ
SELIG
Lecker!
Miah!
Hat dir dein Osechi ge-schmeckt?
Das ist so lecker!
Miah!

Ende

* Traditionelles Neujahrsgericht, das aus Zutaten besteht, von denen eine jede für einen bestimmten Wunsch steht.

Cocchi wärmt sich auf

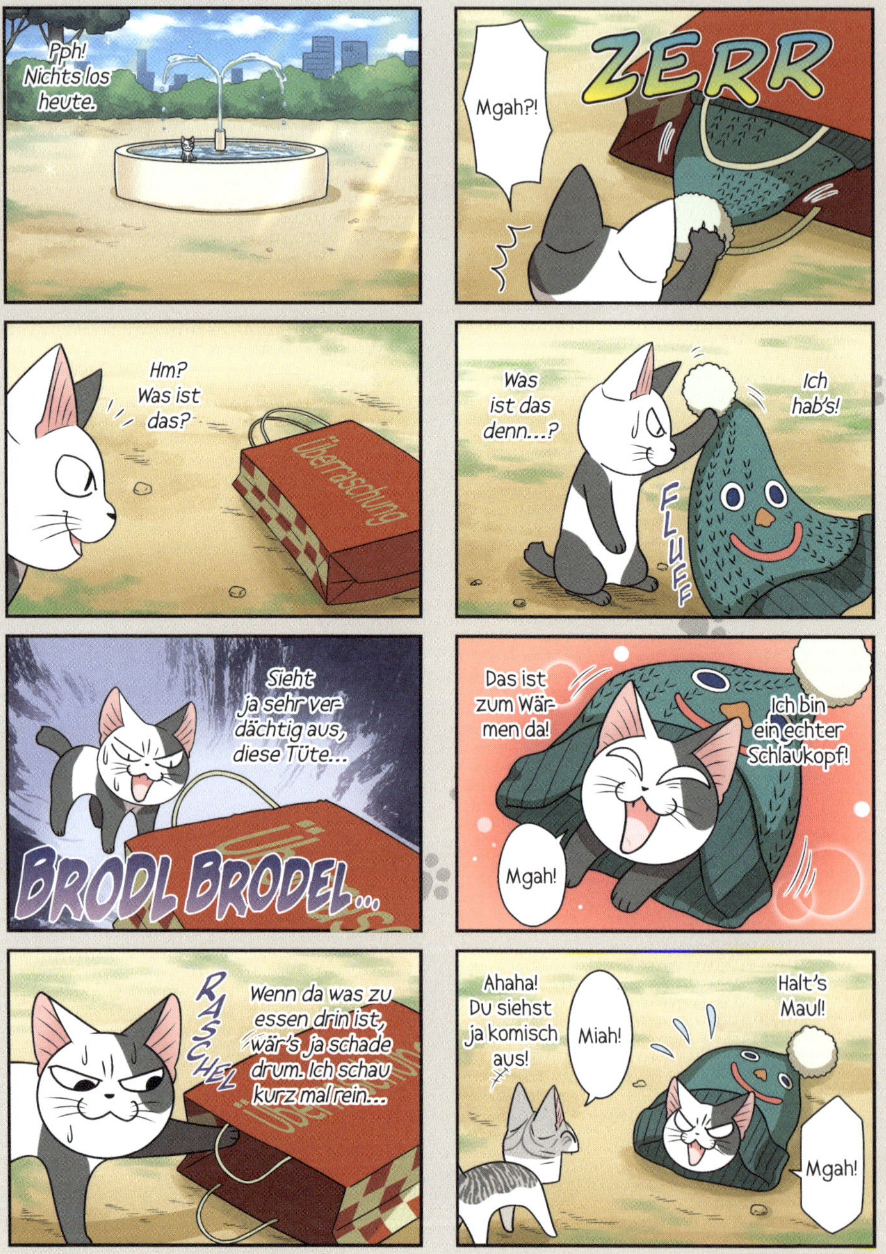
Pph! Nichts los heute.
Hm? Was ist das?
Überraschung
Sieht ja sehr verdächtig aus, diese Tüte...
BRODL BRODEL...
RASCHEL
Wenn da was zu essen drin ist, wär's ja schade drum. Ich schau kurz mal rein...
Mgah?!
ZERR
Was ist das denn...?
FLUFF
Ich hab's!
Das ist zum Wärmen da!
Ich bin ein echter Schlaukopf!
Mgah!
Ahaha! Du siehst ja komisch aus!
Miah!
Halt's Maul!
Mgah!

Ende

Chi spielt Fukuwarai*

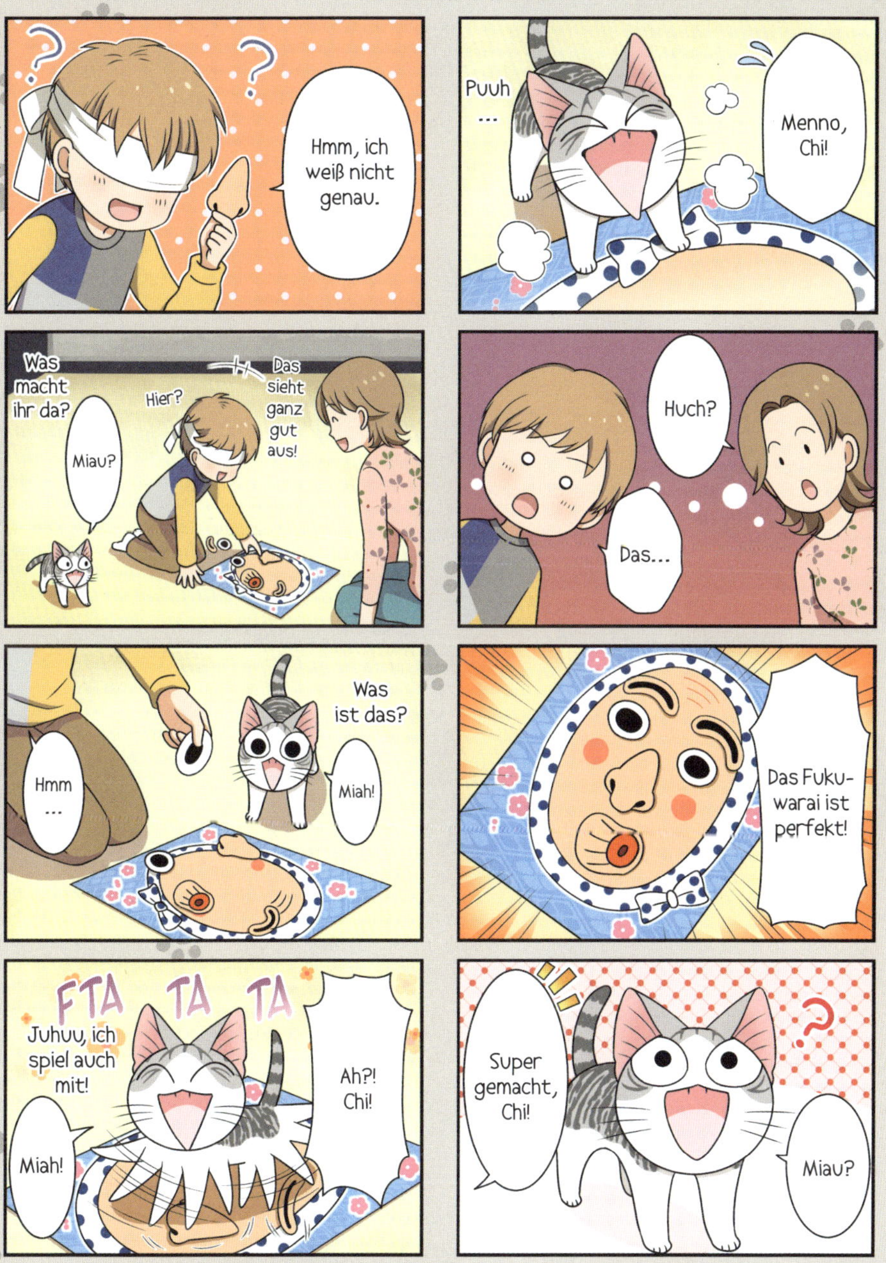
Hmm, ich weiß nicht genau.
Was macht ihr da?
Miau?
Hier?
Das sieht ganz gut aus!
Was ist das?
Miah!
Hmm …
FTA TA TA
Juhuu, ich spiel auch mit!
Miah!
Ah?! Chi!
Puuh …
Menno, Chi!
Huch?
Das …
Das Fukuwarai ist perfekt!
Super gemacht, Chi!
Miau?

Ende

* Japanisches Kinderspiel zu Neujahr

Im nächsten Band…

Süße Katze Chi
KATZEN-NEWS

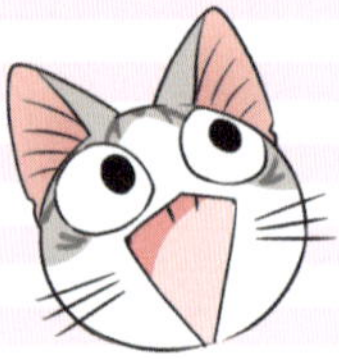

Ich hasse Kälte.
Wo ist es kuschelig warm?

Es bleibt für Kätzchen wahrscheinlich auch weiterhin kühl.

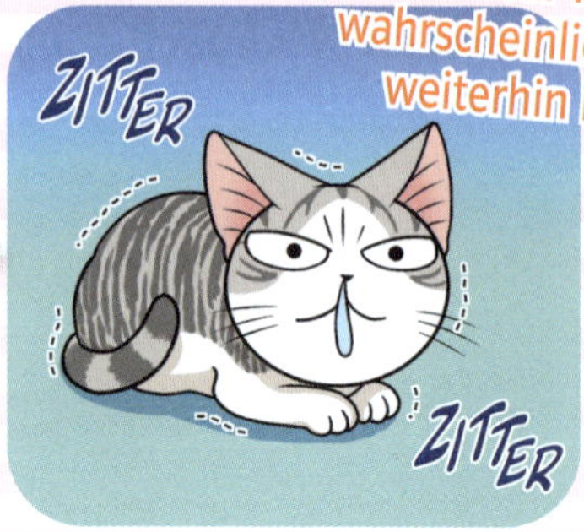

Chi entwickelt sich zum echten Störfaktor bei der Arbeit!

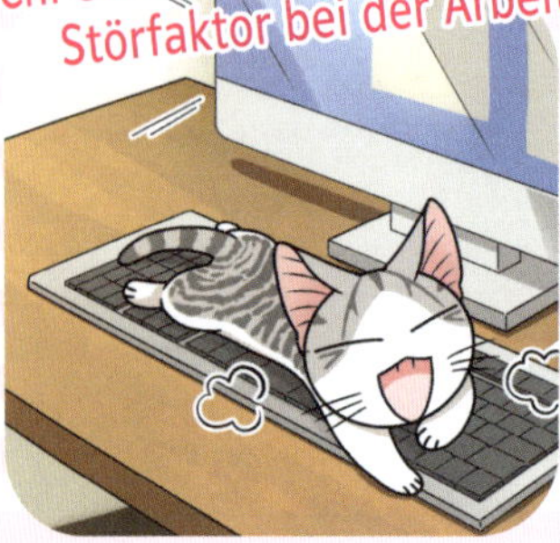

Hier schläft es sich bestimmt gut… Schlummer…

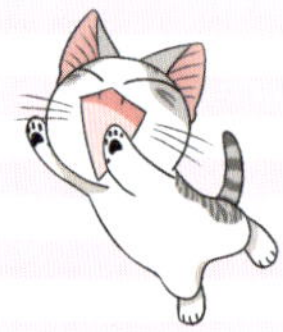

Vor Neugier juckt es Chi in den Krallen. Bereit zum Sprung!

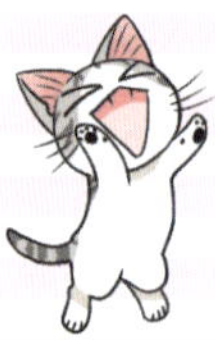

Ich schnapp mir gleich die große Beute!

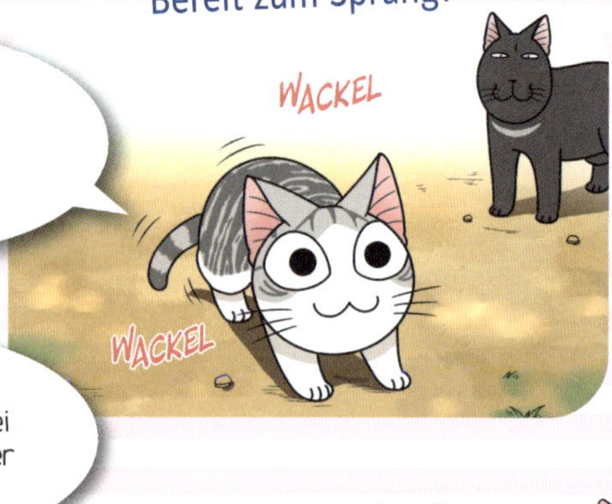

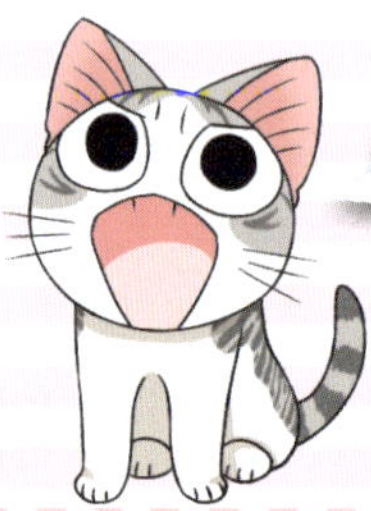

Ich freu mich, wenn ihr mich bei jedem Abenteuer gern mögt!

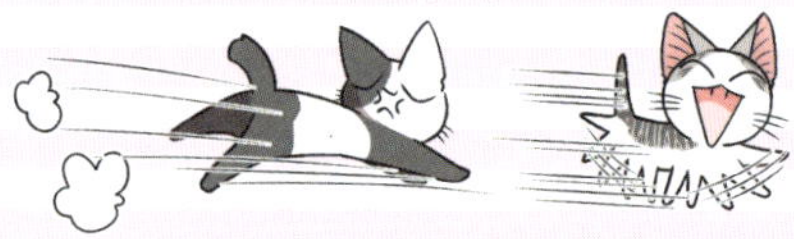

Süße Katze Chi Band 2 bald im Handel!

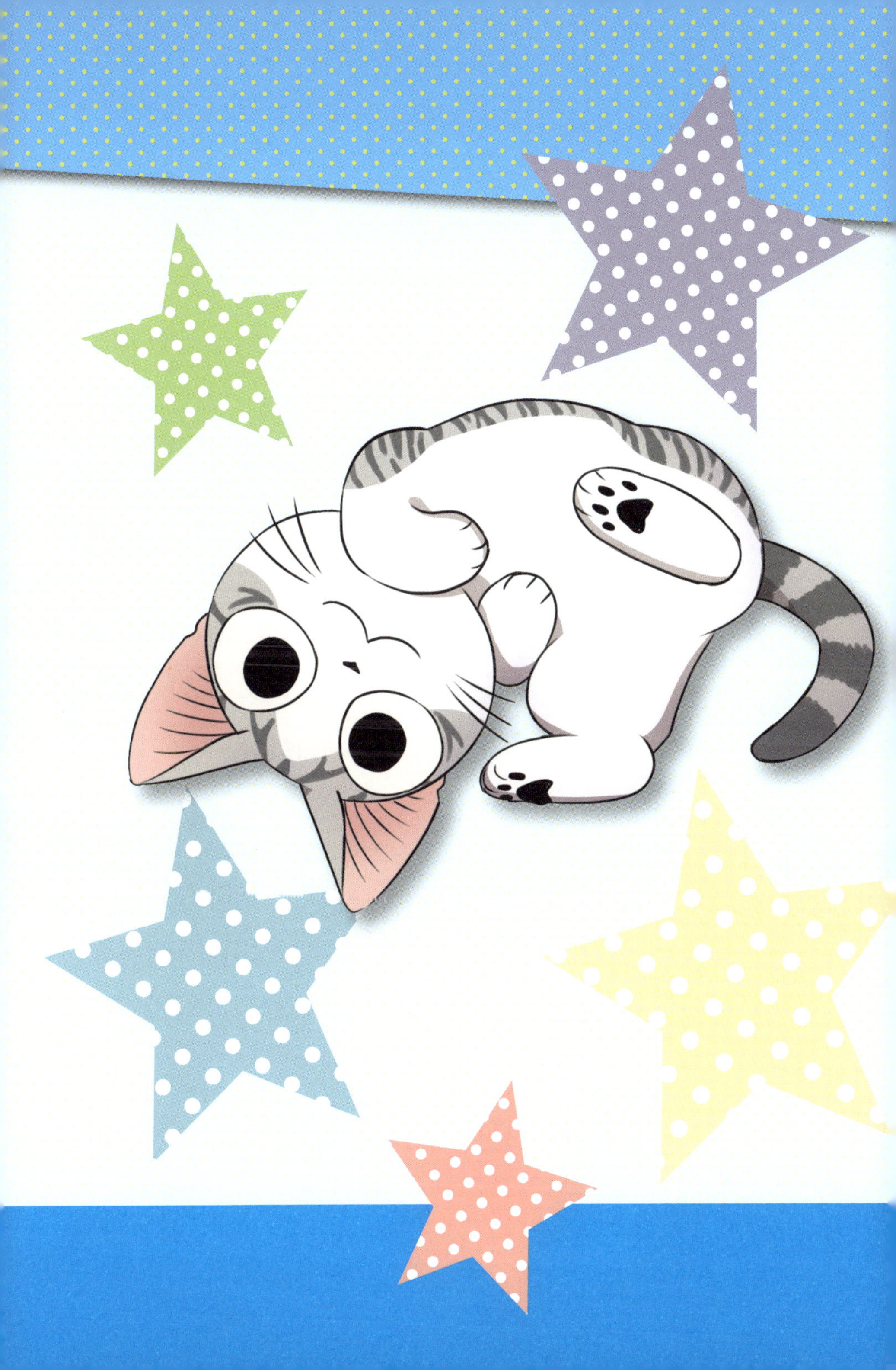

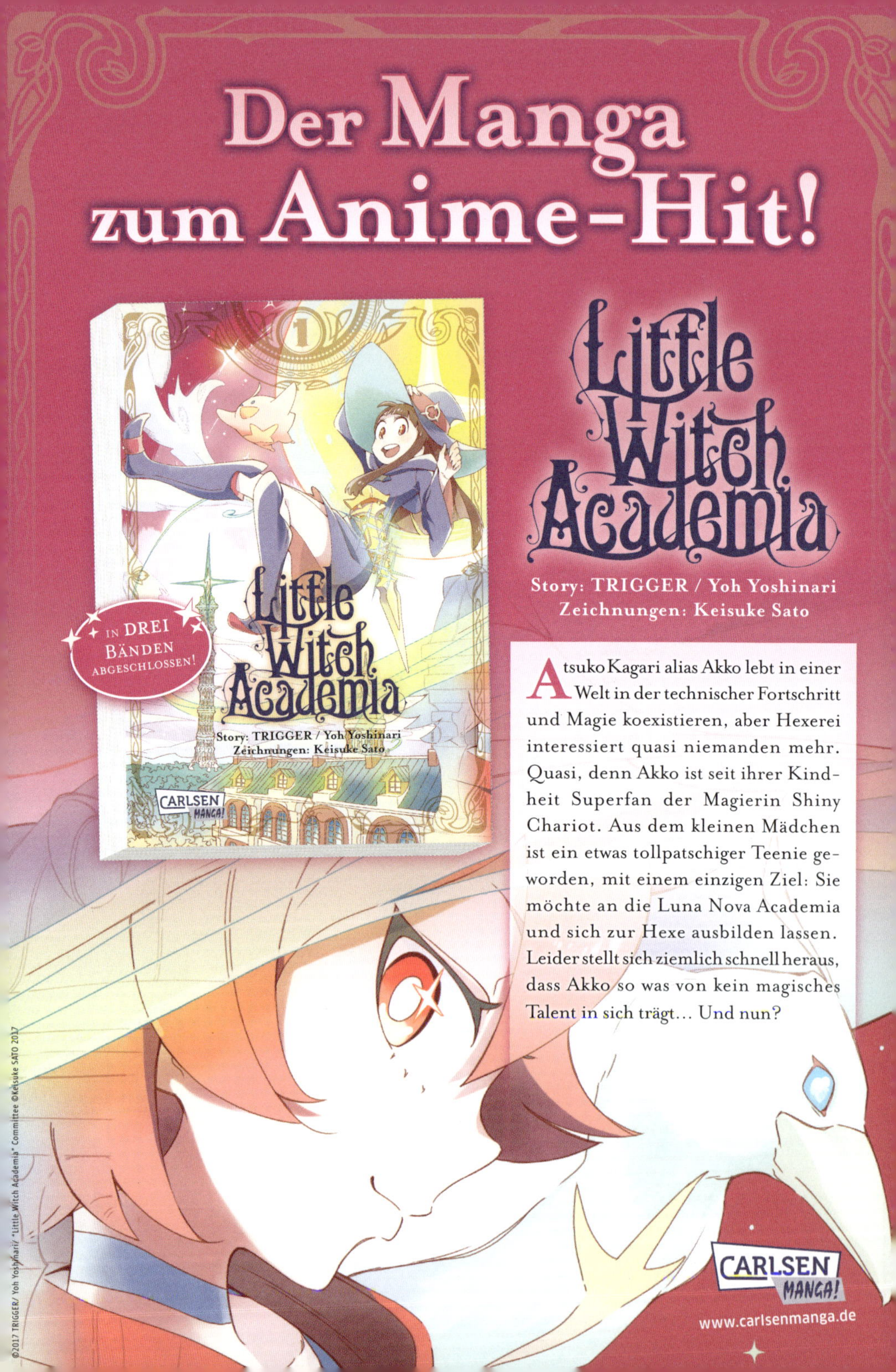
Der Manga
zum Anime-Hit!
1
Little Witch Academia
Story: TRIGGER / Yoh Yoshinari
Zeichnungen: Keisuke Sato
CARLSEN MANGA!
IN DREI BÄNDEN ABGESCHLOSSEN!
Little Witch Academia
Story: TRIGGER / Yoh Yoshinari
Zeichnungen: Keisuke Sato
Atsuko Kagari alias Akko lebt in einer Welt in der technischer Fortschritt und Magie koexistieren, aber Hexerei interessiert quasi niemanden mehr. Quasi, denn Akko ist seit ihrer Kindheit Superfan der Magierin Shiny Chariot. Aus dem kleinen Mädchen ist ein etwas tollpatschiger Teenie geworden, mit einem einzigen Ziel: Sie möchte an die Luna Nova Academia und sich zur Hexe ausbilden lassen. Leider stellt sich ziemlich schnell heraus, dass Akko so was von kein magisches Talent in sich trägt… Und nun?
CARLSEN MANGA!
www.carlsenmanga.de
©2017 TRIGGER/ Yoh Yoshinari/ "Little Witch Academia" Committee ©Keisuke SATO 2017